DE LA MÊME AUTRICE

Aux Éditions Gallimard

LA MONTAGNE DU FESTIN, 2017

Aux Éditions de l'Aube

SALAM, DALGAT !, 2013

Du monde entier

ALISSA GANIEVA

SENTIMENTS OFFENSÉS

roman

Traduit du russe
par Laurence Foulon

nrf

GALLIMARD

Titre original :

ОСКОРБЛЕННЫЕ ЧУВСТВА
(OSKORBLIONNYE TCHOUVSTVA)

L'ardeur fébrile et sacrée qu'engendrait jadis la dénonciation n'existe plus, c'est là un fait incontestable.

ALEXANDRE ZINOVIEV,
Homo sovieticus[1]

Leurs yeux étaient trop largement ouverts.

FIODOR SOLOGOUB,
Un démon de petite envergure[2]

1. Traduit par Jacques Michaut, Julliard/L'Âge d'Homme, 1990. *(Toutes les notes sont de la traductrice.)*
2. Traduit par Georges Arout, L'Âge d'Homme, 1977.

1

Sous une pluie battante, un homme courait d'un pas mal assuré. « S'il tangue comme ça, c'est qu'il est saoul », pensa Nikolaï en freinant au feu rouge. Les rues flottaient déjà dans la pénombre du crépuscule et clignaient de temps en temps des yeux, signe de défectuosité des réverbères posés sur les poteaux en aluminium. De toute évidence, le mercure semblait faire défaut dans l'éclairage urbain. « Ivan le Terrible a été empoisonné par un onguent au mercure censé le guérir de la syphilis, se souvint soudainement Nikolaï. Il s'en était frictionné les jambes. Ou bien les lui avait-on frictionnées ? »

Au bord du fleuve, sur l'autre rive,
Maroussenka lavait ses jambes blanches,
Avec qui, Marousska, t'es-tu amusée toute la nuit,
Avec qui, Mar...

Sur la fenêtre latérale trempée de la voiture, une grande main vint frapper, de tout son plat. Nikolaï baissa la vitre : encore ce type pressé. Veste de grande qualité, bague en or, l'air excité, allez savoir pourquoi, mais sûr de lui. Ivre, mais pas perdu.

— Laisse-moi monter, l'ami ! pria-t-il Nikolaï d'une voix de basse insoupçonnée en essuyant nerveusement son visage mouillé par la pluie.

— J'ai une tête de taxi, peut-être ? ricana Nikolaï, vexé.

— C'est important, frère ! Je te paierai !

— J'ai pas été assez clair ? Ch'uis pas ton chauffeur.

Le feu passa au vert et les voitures qui suivaient se mirent à klaxonner d'impatience. Comme un phoque, l'étrange personnage se jeta de tout son poids sur le véhicule, l'empêchant d'avancer.

— Écoute, tu dégages de là ! s'entêta Nikolaï pendant que l'inconnu lui agitait son porte-monnaie sous le nez – un porte-monnaie tout rigide qui sentait le cuir de jeune veau –, puis il commença à lancer des billets de cinq cents roubles à l'intérieur de la voiture.

Quelques coupures vinrent se poser sur les épaules et le ventre rond comme un ballon de Nikolaï, d'autres glissèrent sous le siège. Derrière, les klaxons poursuivaient leur agressif tintamarre.

— Ça va pas bien ou quoi ? baragouina Nikolaï, désemparé.

Il hésita une seconde puis déverrouilla la porte arrière. L'homme se faufila à l'intérieur, essoufflé, il s'écrasa sur le siège. La porte claqua et la voiture repartit en vrombissant.

Nikolaï ajusta le rétroviseur, le chapelet suspendu s'agita d'émotion. *Qui tient un chapelet en main a une fille pour dessein…* vint à l'esprit de Nikolaï, mal à propos. Le reflet du passager affolé se dessinait sur la vitre ruisselante de pluie.

— Tu veux aller où en fait ? lui demanda sévèrement Nikolaï.

— Toi tu vas où ? répondit le passager en sursautant.

— Rue Tsentralnaïa.

— Moi aussi. Mais fais le tour, n'y va pas directement.

— Tu fuis quelqu'un ou quoi ?

L'homme ne répondit pas. Sa respiration restait courte et ronflante. Étonnamment, il ne sentait pas l'alcool. Nikolaï, songeur, fixa l'asphalte trempé. Il avait lu quelque part qu'à tout moment sept pour cent de l'humanité est en état d'ivresse. Ça fait combien de personnes ? Il fronça les sourcils pour faire le calcul. Cinquante millions ?... Si ce vieux reniflard était vraiment beurré, ça devrait sentir. Peut-être que la poche remplie d'herbes parfumées que sa femme avait accrochée sur le pare-brise y était pour quelque chose. Des huiles essentielles. Dans un sachet aromatique qu'elle avait cousu elle-même. Aux broderies imparfaites.

D'après sa femme, les voitures d'occasion sont polluées par l'énergie de leurs anciens propriétaires. Une cérémonie de purification est nécessaire. Qui consiste à passer une bougie au-dessus du capot en faisant flamber un billet – cent roubles suffisent, l'important étant de brûler entièrement le billet – et en criant : « Le prix est payé. Succès garanti ! » Ensuite il faut faire douze fois le tour de la voiture dans le sens des aiguilles d'une montre, souffler la flamme et jeter le reste de bougie par terre. Là, le tour est joué.

Nikolaï renifla l'odeur de lavande.

— Vous avez entendu ? dit-il en s'adressant à son passager en le vouvoyant soudainement. Vous avez entendu cette histoire sur les fourmis ? Un collègue m'a raconté récemment qu'elles communiquaient, c'est-à-dire, par les odeurs, vous le saviez ?

— Quoi ? Comment ? réagit l'homme en remuant sur le siège arrière.

— Les fourmis, je disais. Elles sont pleines de phéromones. Quand une fourmi meurt, les phéromones restent sur son corps, alors toute sa troupe continue à tailler le bout de gras avec elle pendant une semaine, vous imaginez ? Tant que cette biochimie ne fout pas le camp. Les autres croient que leur pote est vivante. Et l'inverse est vrai aussi, si on parfume une fourmi vivante avec une odeur de putréfaction, c'est comme si elle avait déjà commencé à se décomposer, c'est terminé pour elle. Les autres l'emmènent au cimetière – Nikolaï se mit à rire – pendant que la pauvrette se débat pour retourner dans la fourmilière, les autres la rattrapent et la tirent vers son trou. C'est dingue, non ?

Le passager semblait comprendre l'histoire, il acquiesça. Ses reniflements persistaient et sa main restait nerveusement serrée contre sa veste tendance, au niveau de la poitrine.

— Je ne savais pas que les fourmis avaient des cimetières.

— Ça ne m'étonnerait pas qu'elles aient aussi leurs propres bagnoles, ricana Nikolaï, s'amusant soudain d'avoir trouvé un passager comme ça, spontanément, en cours de route. Et pourquoi vous n'avez pas pris un Uber ?

L'homme s'assombrit.

— Super-Uber... pour qu'on me suive à la trace, qu'on sache d'où je viens et où je vais ? Non merci, j'ai eu ma dose.

— Mais qui donc vous suit ?

Son compagnon de voyage se mura de nouveau dans le silence.

— À chacun ses peurs, pensa tout haut Nikolaï. Certains craignent d'oublier leur téléphone à la maison. Ma fille fait partie de ceux-là. Ça porte même un nom. J'ai oublié. Quelque chose qui finit par « phobie ». D'autres ont peur des microbes. D'autres de vieillir. Des taupes, des avions, de l'or, de devenir aveugle. De choper un cancer, de marcher dans la merde. De se marier. De tomber amoureux. De péter en public. De se retrouver sur scène devant une foule. Des médecins, de leur belle-mère, de leur reflet dans le miroir. Des poux, des radiations, du sida, des terroristes. De s'endormir et plus se réveiller, de trouver un cheveu dans leur repas du soir. Des clowns, des ordinateurs, des courants d'air. De la mauvaise haleine. Des pièces vides. Des tunnels, de l'altitude, de l'eau, de l'argent, des médicaments. Du mauvais œil...

— Vous faites quoi dans la vie ? le coupa inopinément le passager.

— Moi ? Je travaille pour une entreprise de construction. Et vous ?

— De construction ? dit l'homme en s'animant. Laquelle ?

— Quoi, vous aussi ?

Nikolaï réajusta le rétroviseur pour tenter de voir le visage de son interlocuteur.

Mais l'homme, en guise de réponse, se mit à regarder de nouveau l'obscurité chargée de pluie.

— On est où, là ?

— Là où vous avez demandé. On va faire le tour et arriver rue Tsentralnaïa.

L'homme sembla se calmer. Il détacha ses yeux de la fenêtre et lâcha, sur le ton de la confidence :

— Pour ce qui est des peurs... Moi aussi, je me suis mis à avoir peur de mon téléphone ces derniers temps. Partout, il y a des yeux, vous comprenez ?

Nikolaï, semblait-il, comprenait. Égarement de l'esprit. Délire de persécution. Ou bien, comment dit-on déjà, schizophrénie paranoïde. Celle-ci s'était progressivement infiltrée dans la ville et tout le monde semblait désormais sous son emprise. Dans l'entourage de Nikolaï, les gens mettaient de plus en plus souvent leur téléphone portable sous leurs fesses chaudes quand ils discutaient, ils collaient des bandes adhésives sur les caméras de leur ordinateur et entraient sur la Toile à pas de loup, avec des anonymiseurs…

Nikolaï repensa soudain, le sourire aux lèvres, aux drôles d'affiches d'antan : « Ne parle pas trop au téléphone – Le bavardage est une aubaine pour celui qui espionne. » « L'ennemi est rusé et féroce – Ouvre grands tes yeux »… Sa belle-mère était rentrée de la polyclinique dans tous ses états. On avait découvert que les flacons d'urine et d'excréments des patients étaient envoyés dans un laboratoire commercial. Et que, de là, ils atterrissaient soi-disant directement dans les mains d'agents étrangers dans le cadre d'un acte de sabotage absolument monstrueux. Lequel exactement, personne ne pouvait l'expliquer de façon claire, mais quoi qu'il en fût, les organes compétents passaient déjà ledit laboratoire au peigne fin. Tout ça à cause d'une seule information transmise à la bonne personne. Par un citoyen vigilant. « Lorsque règne la vigilance, l'ennemi reste à distance »…

Nikolaï repassait dans sa tête les gestes d'oiseau affolé de sa belle-mère… Heureusement que lui était encore loin de la retraite. Un mauvais moment à passer. À manger son pain noir et sa kacha de sarrasin. Il se souvint alors d'une blague que lui avait racontée Stepan, son collègue, la veille : « — Les renseignements, j'écoute. — Allô, ma petite dame, je voudrais le bureau qui s'occupe du paiement des pensions. — Désolée, nous ne passons pas d'appel à l'international… »

Nikolaï avait hurlé de rire tandis que Beliaeva, la grincheuse, l'avait regardé de travers comme pour dire : « Mais qu'est-ce que vous insinuez ? »

Côté boulot, pour le coup, Nikolaï avait eu de la chance, un ami l'avait fait entrer au service des achats d'une entreprise qui s'occupait des grosses commandes de la mairie et du gouvernement. Récemment, à l'occasion d'un gala sportif, ils avaient livré une patinoire sous les flashs des appareils photo, les rubans rouges et les discours pompeux. Quelque temps plus tard, des fuites étaient apparues sur le mur près de la patinoire : les joints n'avaient pas été scellés correctement, dans la précipitation. Toutes les grosses légumes avaient pointé le fournisseur du doigt... «Il fallait faire comme les Chinois quand ils ont construit leur grande muraille, avait dit Stepan en plaisantant, mélanger le ciment avec du riz cuit.»

Nikolaï n'aimait pas le riz. Le bruit avait couru qu'une partie des tuiles métalliques commandées pour la patinoire avait reparu sur le toit flambant neuf d'une villa, à l'extérieur de la ville. L'entreprise était dirigée par Marina Semionova. Sang neuf, mains soignées. Nikolaï ne l'avait vue en vrai qu'une seule fois, à l'occasion de la beuverie du Nouvel An. En revanche, à l'accueil, on avait accroché un portrait d'elle peint à l'huile. Une œuvre d'Ernest Pogodine, peintre à la mode. Pelisse en zibeline, regard audacieux, des coups de pinceau légers recouverts de vernis ou de glacis. Un cadre doré impossible à soulever. Des réductions pour les clients fidèles.

Sur la route noire creusée d'ornières, la voiture cahotait, les roues barbotaient dans les flaques. Nikolaï se répandait en invectives. L'asphalte datait de l'année dernière, on l'avait coulé malgré la neige qui tombait pour finir dans les temps, le mélangeant avec la boue. Alors, bien sûr, on se retrouvait maintenant avec des montagnes russes.

— On est bientôt arrivés? demanda le passager en émettant une sorte de râle.

— C'est vous qui avez voulu passer par là et vous râlez. On est presque arrivés, lança Nikolaï par-dessus son épaule.

La pluie s'intensifiait, épaisse et féroce, et battait effrontément la carrosserie, comme un homme fesserait une femme bien en chair. Les essuie-glaces s'énervèrent et entrèrent dans un rythme tachycardique. Sur les côtés, on ne voyait déjà plus les baraques en bois qui faisaient office d'habitations. Une grande palissade apparut : les clôtures en béton PO-2 et leurs pyramides en relief. L'obscurité croissante empêchait de voir les graffitis qui la recouvraient, les deux plus gros étaient là depuis quelques années, Nikolaï s'en rappelait. Une proposition de service qui s'étalait partout, d'un «*tamada* accordéoniste», accompagnée d'un numéro de téléphone; et une inscription à moitié effacée : «La Russie, c'est pour les gens tristes!»

— Voilà, on va prendre ici et puis faire le tour. Comment ça va pour vous derrière? demanda Nikolaï à son passager ballotté sur le siège arrière, mais celui-ci avait semble-t-il commencé à piquer du nez; il marmonna quelques mots incompréhensibles.

«Manquerait plus qu'il vomisse dans la voiture», pensa Nikolaï. Le sol devint alors tout à fait meuble sous les roues, la voiture se mit à rugir et à transformer la flaque en mousse noire.

— Ça patine! cria Nikolaï en appuyant à fond sur la pédale.

Il réitéra plusieurs fois son essai. Le pneu tentait de s'accrocher au bord cassé de l'asphalte, l'avant alourdi du véhicule se soulevait; la voiture s'ébranla en gémissant mais fut incapable d'aller plus loin et partit en arrière dans la gadoue liquéfiée. Un peu plus de traction aurait suffi. Si seulement le passager avait bien voulu sortir une seconde…

Nikolaï se retourna. L'homme était affalé, collé contre la portière et semblait complètement déconnecté.

— Hé, mon gars ! l'appela Nikolaï. On est coincés. Sors de là !

Silence. Pas de réaction.

— Purée de pois cassés…, marmonna Nikolaï agacé en remontant le col de son imperméable, puis il sortit tout doucement dans les tourbillons de pluie.

Sa jambe s'enfonça immédiatement dans l'eau froide, jusqu'au genou. Nikolaï jura encore plus fort et tenta de poser les pieds sur les parties les moins profondes, en contournant le coffre qui se noyait. « Cette espèce de dindon complètement beurré, à l'arrière, ne va pas m'être d'un grand secours. Tant pis, sauf que je ne parviendrai pas à sortir de là tout seul, faut que quelqu'un s'arrête et vienne m'aider », pensa Nikolaï en tremblant de froid. La route, bien sûr, était complètement déserte, seul un horrible poids lourd passa en rugissant et lança de loin une onde grise.

Arrivé devant la porte arrière, Nikolaï toqua plusieurs fois, mais son compagnon ne fit pas le moindre mouvement. Son nez, écrasé contre la vitre, semblait une protubérance difforme et blanchâtre.

— Mais allez ! beugla Nikolaï en attrapant la poignée pour ouvrir la porte en grand.

Comme une masse, l'homme s'écroula tout d'un bloc et vint s'écraser sur les pieds de Nikolaï. Son front alla cogner le bord tordu du trottoir qui émergeait d'entre les eaux et ses mains prirent une position bizarre, sous le poids de son corps. Ses jambes courtes et ses bottines vernies furent cachées sous les eaux noires. L'homme ne bougeait plus.

— Écoutez ! criait Nikolaï, peinant à déglutir, d'une voix de mirliton qui ne semblait pas lui appartenir. Vous jouez à quoi, exactement ?

Il s'accroupit et secoua l'homme par l'épaule. Son corps semblait de marbre; sur son front apparut un mince filet de sang que la pluie lava immédiatement. Un de ses yeux fixait la route que les gouttes rendaient floue. L'autre se cachait dans la terre. Claquant légèrement des dents, Nikolaï posa ses doigts sur la pomme d'Adam de l'homme puis les déplaça lentement sur le côté pour les enfoncer dans la partie molle du cou. Il s'immobilisa et attendit. Son pouls ne battait pas. Il réalisa soudain que les téléphones portables sont toujours équipés d'une lampe, sauf qu'il ne fallait pas attirer l'attention des véhicules qui passaient. Au demeurant, la route était déserte. C'était un jour de fin de semaine, dans une banlieue que personne n'habitait. Pas de lumière ni d'âme qui vive.

Nikolaï alluma la lampe et dirigea le faisceau vers l'œil émergé. La pupille ne réagissait pas. Malgré le froid piquant, des gouttes de sueur coulèrent sur sa poitrine. Il fallait agir. Appeler la police? Il serait immédiatement accusé de meurtre, pour sûr. Non, surtout pas. Fouiller dans sa veste à la recherche de son passeport, de son portable? Son portefeuille devait bien contenir des cartes de crédit... Non, impossible. Ça laisserait des traces.

Fuir, il ne restait plus qu'à fuir! Nikolaï attrapa l'homme par le col de sa veste en cuir et le hissa sur ce qui faisait office de trottoir, près de la palissade. La veste humide était devenue complètement lisse, elle semblait liquide et glissait comme de l'huile de goudron entre ses mains tordues par l'effort; dans sa cage d'os, le cœur de Nikolaï battait à tout rompre. «Plus vite, plus vite», ajouta-t-il à part soi. Après avoir charrié le cadavre, il palpa les poches de son imperméable – tout était en place, rien n'était tombé dans les flaques. Il courut jusqu'à sa portière, sauta à l'intérieur du véhicule, s'enferma, posa les mains sur le volant, souffla un bon coup puis démarra.

Bizarrement, il lui revint à l'esprit que le défunt avait jeté des billets à l'intérieur et qu'ils devaient se trouver désormais tout trempés sous son siège et son imperméable dégoulinant. « Pourquoi, mais pourquoi ai-je laissé cet énergumène monter dans ma voiture ! » – cette phrase tournait en boucle dans la tête de Nikolaï comme sur un orgue de Barbarie. Il arriva dans une rue éclairée et fonça sous l'averse, sans savoir où il allait. Son pauvre compagnon de voyage, désormais vautré sous les eaux, restait accroché à ses pensées. Son corps, en ce moment, était allongé près de la palissade en béton, visage tourné vers le sol, narines dans la boue. Un nouveau-mort... Si par hasard il était encore vivant tout à l'heure, désormais il s'était étouffé, pour sûr. La nuque relevée et le col de sa veste en peau remonté. Nikolaï se rappela que les morts peuvent encore bouger. Question d'électrochimie. Les muscles peuvent se contracter. Les membres trembler, les doigts se resserrer. La tête tourner subitement sous la pression des gaz internes. Un gémissement être soudainement émis, provoqué par le passage de l'air dans les cordes vocales... Le type pouvait s'arc-bouter tout d'un coup comme un chat et faire le dos rond.

Quelque part dans la boîte à gants, le téléphone de Nikolaï se mit à sonner, un lent carillon. Sa femme se lançait à sa recherche. Il aurait dû être rentré depuis longtemps déjà de chez le vieux copain d'école qui l'avait invité dans sa maison individuelle, comme il y en avait beaucoup en ville. En vertu de leur amitié, il voulait lui commander un plafond tendu pour son salon, à prix de gros.

Sans raison, Nikolaï pensa aux tronçonneuses de la marque Amitié et s'effraya d'avoir en tête des inepties pareilles ; mais ces inepties s'agrippaient fermement à lui. Amitié. Avec un moteur à carburateur à cylindre unique. Et une puissance de quatre chevaux fiscaux. Les tronçonneuses avaient été ainsi nommées en 1954 en l'honneur des trois siècles d'union de l'Ukraine et de la Russie. L'Hetmanat cosaque et l'Empire russe. En 1954... cela veut dire que soixante ans plus tard... Bon, d'abord il faudra restaurer les liens d'amitié, ensuite, restaurer la vérité historique, ensuite... restaurer les placoplatres qui ont pris l'eau... « Bon sang, mais pourquoi je pense à des conneries pareilles ? » se désola-t-il à haute voix.

Le carillon se remit à sonner avec insistance. Non, non, Nikolaï ne pouvait parler à personne maintenant... « Avec quelle cloche démarre la mélodie ? s'inquiéta-t-il soudain. La grande ou la petite ? Si c'est avec la petite, c'est pour un enterrement, semble-t-il. Ou alors non ? » Nikolaï tendit l'oreille comme si son avenir dépendait de l'ordre dans lequel les cloches allaient jouer. La mélodie s'interrompit brutalement.

En passant pour la énième fois devant le Palais des pionniers tout décrépi, il comprit qu'il tournait autour du même pâté de maisons, aux mêmes carrefours. Et si les caméras de surveillance le repéraient ? Le déluge les avait sûrement mises hors service. Nikolaï s'arrêta dès que possible sur le bas-côté, éteignit le moteur et fixa bêtement le pare-brise trempé. Sa mère était allergique à la pluie. Quand le ciel lâchait ses eaux, ses yeux rougissaient, sa voix devenait rauque, des boutons lui sortaient. Elle avait peur, alors elle fermait les fenêtres et se mettait à l'écart dans la pièce la plus éloignée. Elle avait peur... Et cet homme-là aussi lui avait signifié qu'il avait peur.

Nikolaï ressassait à n'en plus finir l'image de cet inconnu

s'écroulant hors de sa voiture. Son front près du trottoir. Près du trottoir. De la bordure vibrocompressée... La main de Nikolaï quitta le volant pour enfoncer convulsivement le klaxon. Les silhouettes trempées qui passaient en courant s'immobilisèrent pour comprendre d'où venait le son, puis elles fermèrent rapidement leurs parapluies et se glissèrent à l'intérieur d'un bâtiment. C'était un café.

Quelques minutes plus tard, Nikolaï se trouvait lui aussi installé à l'intérieur. Il entendit sa propre voix s'adresser en toute indépendance à la serveuse et lui demander une tasse de café d'un ton guilleret.

— Et n'oubliez pas le lait!

— Nous n'avons plus de lait, répondit la serveuse. Je peux vous proposer un americano.

Nikolaï acquiesça. La serveuse était jeune, sans doute du même âge que sa fille. Cheveux tressés. Tablier bordeaux. Pieds légèrement en dedans. Elle disparut derrière les tables autour desquelles des jeunes pleins de vie agitaient leurs têtes, au milieu d'un grand bourdonnement. La salle était bondée. Dans l'angle, un groupe d'hommes riait à gorge déployée. Ce qui dévoilait amplement leurs gencives et la brillance de leurs couronnes dorées. Nikolaï se souvint d'une amie de sa femme qui avait chopé une hépatite dans un cabinet de stomatologie de la ville. Et du dentifrice Colgate. Apparemment, en espagnol, ce mot voudrait dire «Va te pendre». Va te...

Nikolaï prit sa tête dans les mains; elle résonnait, incapable de se débarrasser des sottises qui tournicotaient à l'intérieur. Penser à n'importe quoi, sauf au regard vide et humide de celui qui s'était étalé face contre terre, sous la pluie, dans le noir. Nikolaï tâta son pantalon complètement trempé; il n'allait pas tarder à attraper froid et à se geler.

De nouveau, une question complètement hors sujet lui vint à l'esprit : pourquoi l'eau chaude gèle plus rapidement que l'eau froide ?... Si cette nuit, la température descend en dessous de zéro et que le froid solidifie les flaques, que va devenir son défunt passager ? Qui est peut-être déjà complètement sous les eaux.

En servant Nikolaï, la serveuse fit claquer la tasse à fond noir et liseré blanc sur la table, puis elle tourna les talons pour répondre à l'appel du groupe qui riait aux éclats. Le plus braillard d'entre eux, avec des couronnes en or, racontait quelque chose de drôle ; elle en fut gênée et fila. Audessus d'eux, les infos locales défilaient en silence, image par image, sur l'écran plat accroché au mur. Un contrôle de câbles électriques endommagés, une dame âgée aux mains brunes vêtue d'un peignoir en flanelle qui se plaint du manque de lumière tandis qu'en studio une speakerine bien peignée remue sa bouche n'importe comment.

Nikolaï trempa ses lèvres dans le café et ferma les yeux à cause de l'amertume. Puis il leva la tête pour regarder de nouveau l'écran. Sur fond de paysage urbain, on voyait un fonctionnaire. Nikolaï avait l'impression de reconnaître son visage sans toutefois parvenir à le situer ; un physique plutôt rond, une veste à la mode crânement déboutonnée...

Non ?! Un doute affreux l'assaillit, le tarauda. Il fixa sans le lâcher le visage de l'homme qui parlait. Bien sûr que c'était lui. C'était son passager de tout à l'heure qui le regardait droit dans les yeux depuis l'écran. Était-ce possible ? Nikolaï ferma les paupières, les rouvrit. Oui, c'était bien lui. C'était bien celui qu'il avait laissé par terre sur la route. Il n'y avait aucun doute. Pris d'angoisse, Nikolaï avala une grande gorgée de café, qui le brûla ; il s'empressa de recracher le liquide dans la soucoupe et tendit ses lèvres en cul-de-poule pour aspirer de l'air. Sur l'écran, Andreï Ivanovitch Liamzine continuait d'agiter énergiquement le menton, lui et pas un autre, le ministre de la région chargé du développement économique. Désormais décédé. Ce que personne, mis à part Nikolaï, ne savait pour le moment.

Il fut pris de nausée, suivie d'une envie pressante. Il se leva et se dirigea rapidement – quoique avec retenue – vers les toilettes.

2

— Attendez, on ne lui a rien volé du tout ? s'étonna Anetchka, la secrétaire. Stepan hocha la tête.

— Officiellement, il n'y a eu aucun commentaire, mais le journaliste de *La Sirène*, comment il s'appelle déjà – Katouchkine –, a écrit qu'on avait trouvé sur le défunt son porte-monnaie et son téléphone. Sauf que la puce avait pris l'eau.

— La moitié de ce que raconte votre Katouchkine est à mettre à la poubelle. Aux infos normales, on verra bien de quoi il retourne, lâcha Beliaeva pour lui couper la chique.

Puis elle se mit à charger son agrafeuse en faisant beaucoup de bruit.

Assis dans un coin du bureau des achats, Nikolaï taillait un crayon, l'air abattu. Depuis le début de la matinée, ses collègues parlaient de l'horrible nouvelle en reprenant toujours la même rengaine, sur tous les tons. Les membres de la direction, de leur côté, avaient filé vers les étages supérieurs en vue d'une réunion. La mort soudaine du ministre Liamzine mettait en péril plusieurs grands projets de construction. Le fil d'actualités était en ébullition. Et Internet en transe.

— Ce qui est bizarre, c'est qu'il se soit trouvé seul sur cette rocade, répétait Anetchka pour la énième fois.

— Ce qui est bizarre, c'est qu'on l'ait retrouvé, répondait gaiement Stepan. La société des eaux ne s'aventure jamais jusque là-bas. Ça fait trois ans qu'ils sont pas foutus de vider la flaque qui croupit sur la grande place et là, d'un coup, ils décident de faire le tour de la ville pour évaluer les conséquences d'une grosse averse ? T'entends ça, Kolia ? Ils ont eu une lueur soudaine, sans ça le ministre serait encore étalé sur le bas-côté, à moitié bouffé par les clébards.

Nikolaï émit un grognement indistinct. Beliaeva, furieuse, faisait claquer l'agrafeuse. Tout le personnel de son service avait été informé, d'une manière ou d'une autre, qu'elle souffrait d'alopécie. Perte focale des cheveux. Beliaeva cachait soigneusement la partie clairsemée de son crâne sous un chignon. Dans l'ascenseur, chez Nikolaï, on avait affiché une annonce : *Chignons et perruques, achetons cheveux à bons prix*. La veille, au petit-déjeuner, sa fille lui avait raconté qu'avant, à la cour, les gens portaient des perruques noires le matin, châtains la journée et blanches le soir. Le principe du contraste. La veille, au petit-déjeuner... c'était avant la catastrophe... Les petits copeaux de bois, en forme de jupes à liseré rouge, tombaient du taille-crayon, la mine brillait sans éclat.

— Et combien de temps il est resté allongé là-bas ? demanda Anetchka.

— Purée ! Mais on a lu les infos ensemble. Pas plus de douze heures. On n'en sait pas davantage pour le moment, répondit Stepan en faisant les cent pas. Qu'est-ce que tu en penses, Kolia ? Qu'il est mort de sa belle mort ou qu'on l'a descendu ?

— De sa belle mort, sans doute..., bredouilla Nikolaï.

— Vous la connaissez, cette blague ? dit Stepan en gloussant mais sans attendre de réponse : Une banane et une cigarette se disputent pour savoir laquelle des deux subit la mort la plus atroce. La banane dit « C'est ma mort qui est la pire, on m'arrache la peau et on me mange vivante. » La cigarette lui répond « Ça, c'est rien du tout. Moi, on met le feu à ma tête et on me suce par le derrière pour que ma tête reste allumée. »

Stepan éclata d'un rire rauque. Anetchka rougit. Beliaeva, outrée, pinça ses lèvres et se mit à faire du bruit avec les tiroirs du bureau.

— Et celle-là, vous la connaissez ? (Stepan s'emballait et continuait à arpenter la pièce sans se soucier de Beliaeva :) Un homme voit apparaître une tache noire sur son plafond. Le lendemain, il meurt d'un infarctus. Même chose dans l'appartement d'à côté : le locataire remarque une tache noire au plafond et le lendemain, il meurt d'un infarctus. Puis une tache apparaît dans l'appartement d'Ivanov…

— Ras le bol des blagues, lança Anetchka en soupirant bruyamment.

— Donc Ivanov remarque lui aussi une tache, poursuivit Stepan en élevant la voix, alors il téléphone à la société de gestion de l'habitat : « Allô, j'ai une tache noire au plafond. Vous pouvez intervenir ? » « Oui. » « Et combien ça va me coûter ? » La personne lui indique la somme « Combien ? » redemande Ivanov. Et il meurt d'un infarctus.

Stepan, de nouveau, se poila.

— Le jour où vous mourrez, Stepan, moi aussi je rigolerai, le coupa Beliaeva, puis elle se leva et quitta la pièce.

On entendit alors des voix animées arriver dans le couloir, près de leur bureau. Au milieu du brouhaha des hommes, des talons de femmes résonnaient. Anetchka bondit vers la porte, sortit prestement puis repassa la tête à l'intérieur pour annoncer en chuchotant d'un air effrayé : « Semionova est là ! », puis elle disparut de nouveau.

— Si la pédégère est là, c'est que c'est chaud bouillant, conclut Stepan avant d'aller s'asseoir près de Nikolaï qui avait terminé de tailler son crayon et roulait bêtement les yeux en fixant le calendrier posé sur la table devant lui, sur lequel on distinguait, en bas, les numéros des jours, tandis qu'en haut, sous le titre *Les fils fidèles de la Russie*, on voyait sur fond de coupoles dorées de preux chevaliers partir vers le soleil couchant.

Stepan regarda Nikolaï, soupira, puis lui demanda à voix basse :

— Tu sais que la Semionova a été interrogée par la police ?

Nikolaï tressaillit.

— Pour quoi faire ?

— Comment ça, pour quoi faire ? Liamzine était son petit chéri. T'es pas au jus ?

Des rumeurs et des bruits confus tombaient constamment dans les oreilles de Nikolaï. Étrangement, rien de tout cela ne lui était revenu en mémoire la nuit dernière, quand il ne parvenait pas à trouver le sommeil.

— Et alors ? dit-il en fixant Stepan.

— Et alors il paraît qu'hier elle l'attendait chez elle. Liamzine a libéré son chauffeur et pris un taxi pour la rejoindre. Le taxi l'aurait amené à bon port, mais lui ne serait jamais monté chez elle. Et elle ne l'attendait plus. Genre. À moins qu'elle fasse semblant. Sans doute qu'elle s'est pointée ici aujourd'hui pour brûler tous les papiers.

— Quels papiers ?

— Kolia, t'es con ou quoi ? (Stepan se lança dans une logorrhée où tous les mots se mélangeaient.) À ton avis, pour quelle raison c'est nous qui avons remporté les plus gros appels d'offres ? Liamzine a trouvé des motifs de rejet pour toutes les autres propositions. Soit les délais n'allaient pas, soit les offres étaient mal présentées. Et nous, bingo ! La patinoire – bingo ; la nouvelle polyclinique – bingo ; la reconstruction de la gare où on a passé trois ans à trimer – bingo. Et le pont aussi, rappelle-toi...

— Je m'en rappelle. C'était bizarre d'ailleurs, ces terrains qui n'appartenaient pas à la ville et qu'il avait fallu racheter à une boîte bidon.

— Exact. Et à qui elle appartenait, cette boîte ? lança Stepan avec malice en clignant des yeux.

— J'en sais foutre rien.

— À Semionova ! C'est juste qu'elle était au nom du mari de sa sœur. Du coup la somme a été prise deux fois sur le budget et lui a été versée deux fois. D'abord pour le terrain et ensuite pour le marché. Liamzine l'a aidée. Mais il a aussi pensé à lui, il s'est accordé un petit pourboire au passage.

— Et il s'est pas fait gauler, depuis ? s'étonna Nikolaï, sortant de sa léthargie.

— Sans doute qu'il s'est fait gauler. Ces derniers temps, c'était un peu limite. Le chef m'a craché le morceau aujourd'hui. À ce qu'il paraît, on le harcelait. Il recevait, comment on dit déjà... des lettres anonymes, qui disaient genre on est au courant de tout, on va tout raconter à qui de droit, on va faire un rapport au gouverneur. Des trucs comme ça. Il a commencé à avoir la boule au ventre.

— Ce serait le délateur qui l'aurait tué ? lâcha Nikolaï.

Stepan fit claquer sa langue avec un geste de la main qui voulait dire non :

— C'est juste des ragots. Et n'en parle pas trop, ça vaut mieux.

Dans le couloir, on entendit de nouveau des sons, au loin, puis des bruits de pas et des exclamations inintelligibles. Stepan se leva, ouvrit la porte, regarda dehors, haussa les épaules et retourna aussi sec à son poste de travail ; il se mit à agiter la souris de son ordi à la recherche de nouvelles infos. Nikolaï s'installa aussi devant son écran et se rendit sur la page du forum de discussion de la ville. On y commentait le meurtre du ministre. Le regard de Nikolaï flottait, il ne parvenait pas à se concentrer. Une image palpitante aux couleurs criardes attirait son œil sur le côté de l'écran : *Pour éviter que la graisse ne s'accumule avec l'âge, achetez la très abordable...* Sur la seconde image, il manquait un bout de phrase : *Vous avez 65 ans et voulez en paraître 43 ? Prenez l'habitude, 10 minutes avant de vous coucher...* Tout autour s'agitaient des poignées d'amour, des verrues toutes roses, des poitrines gonflées jusqu'au bonnet C.

— Stepan, c'est la pause, il me semble. J'ai promis à ma fille de déjeuner avec elle, déclara Nikolaï en décollant son nez de l'écran. Je reviens dans une heure.

— D'accord, répondit l'autre sans le regarder.

Nikolaï s'habilla rapidement et sortit. Le vent soufflait, il faisait froid et humide. Par moments, des gouttes égarées venaient gifler son visage. Le ciel semblait se déchirer aux coutures et partir en lambeaux gris et vaporeux. Nikolaï se souvint du regard perdu de Liamzine. Qui apparemment était suivi pour de bon. Ça n'était pas de la paranoïa, bien au contraire. Peut-être que ce contraire relevait lui aussi d'un diagnostic ? La pronoïa, sans doute. Quand on croit que les gens sont là non pas pour nous détruire, mais pour nous sauver. Il lui revint à l'esprit l'histoire d'un professeur de musique croate qui avait survécu à un accident de train, à un accident d'avion et à trois accidents de voiture.

Il avait pris feu deux fois et s'était jeté une fois dans l'eau glacée. Il était tombé dans le vide et resté accroché à un arbre. Des sauvetages invisibles.

La marche de Nikolaï fut interrompue par un jeune unijambiste en uniforme appuyé sur des béquilles en bois dont les embouts en plastique strié semblaient vissés dans la boue trempée. Sur la poche de poitrine de sa veste, on pouvait voir le ruban de Saint-Georges, et sur son front hâlé, des rides en accordéon.

— Z'auriez pas une cigarette pour un vétéran du Donbass ? demanda-t-il poliment.

— Je ne fume pas, répondit Nikolaï en contournant précautionneusement le type par la droite pour avancer jusqu'à sa voiture.

— Écoute-moi, gros malin, dit l'autre en donnant des coups de béquille derrière lui. Pendant que tu te chauffais le cul au pays, moi je défendais la patrie, t'entends ? La tienne et la mienne.

— J'entends, répondit docilement Nikolaï en fouillant sa poche à la recherche de ses clés.

— C'est pour des Russes comme toi que j'ai perdu ma jambe.

— Je ne vous ai rien demandé, répondit Nikolaï.

— Donne-moi de quoi m'acheter des prothèses, sois gentil, ou des médocs ! Nous, les vétérans, on s'est fait baiser par les bureaucrates ! Ils se sont servis de nous et nous ont foutus à la poubelle ! File-moi deux mille roubles ! ajouta le quémandeur d'une voix devenue mielleuse.

Sans répondre, Nikolaï se faufila dans sa voiture ; l'autre criait de plus en plus fort, il s'excitait, au point qu'il se mit à lancer des invectives.

— Tu vaux pas mieux que les fascistes, espèce de grosse

merde ! J'ai noté ton numéro de plaque, t'entends, connard ? Ch'uis pas seul, on est un paquet dans mon cas. Espèce de pédé, on va la fracasser, ta caisse…

Les dernières menaces se perdirent dans le mugissement du moteur qui démarrait. Nikolaï fit lentement demi-tour. « Fasciste ! Fasciste ! » criait le vétéran écumant de colère pendant que la voiture sortait avec prudence de la cour encore inondée par la pluie de la veille. Le reflet de l'unijambiste tremblotait dans le rétroviseur. « Dans dix ans, pensa Nikolaï, les gens pourront se faire pousser des membres artificiels, s'ils ont assez d'argent pour les payer. » Il suffira de récupérer une jambe sur un mort. Un bout de squelette. Puis d'y coller les cellules musculaires du nouveau propriétaire, de mettre le tout dans un incubateur et de brancher l'oxygène… Aurait-on pu redonner vie à Liamzine ? Grâce à la respiration artificielle. Nikolaï n'avait même pas essayé. Peut-être qu'il était encore vivant. Comment savoir ? Article 66 – Déclaration de décès…

Après une nuit d'insomnie, la tête de Nikolaï fonctionnait en sous-régime. À la maison, sa femme l'avait questionné, elle voulait savoir comment il avait pu se mouiller de la sorte. Il lui avait menti, disant que la voiture ne voulait plus avancer, seulement reculer. Qu'il lui avait donné une impulsion. L'impulsion – c'est la masse multipliée par la vitesse ? Sans doute. Vitesse de l'éjaculation – cinquante kilomètres à l'heure… Nikolaï regarda l'aiguille sautillante du compteur, puis plus haut, le pare-brise ; il remarqua soudain un papier plié, coincé sous l'essuie-glace. Il freina, bondit hors de la voiture, saisit la feuille… Papier d'imprimante épais, encre noire. Et le mot « Assassin » tapé horizontalement, en majuscules. Un seul mot. Nikolaï se raidit. Mais qui ? Qui avait glissé ce papier ici ? Il regarda autour de lui comme un voleur. Il n'y avait personne dans cette cour intérieure, sauf une maman fourbue qui traînait un jeune garçon avec un sac à dos et un homme à l'air bourru qui filait, un sac plastique à la main. Le vétéran? Est-ce que ça pouvait être le vétéran?

Nikolaï remonta dans sa voiture, affolé, et mit les gaz. Appuyées sur le volant, ses mains tremblaient. Pendant quelques minutes, une intense noirceur vint s'agiter sous son crâne, puis ses pensées toutes déchirées commencèrent à se reconstituer. Admettons que ce soit l'unijambiste qui ait glissé le mot. Qui lui a demandé de le faire? D'ailleurs, lui a-t-on demandé ou l'a-t-il fait de lui-même? Et pourquoi, pourquoi ne pas lui avoir donné d'argent? Il aurait bien pu. Et si ça n'était pas l'estropié, alors qui était-ce? Ça voulait dire que quelqu'un le suivait.

La feuille, abandonnée sur le siège passager, remuait. «Assassin»... Nikolaï réfléchissait – par quel moyen pouvait-il retrouver l'auteur du texte? Avant, paraît-il qu'on pouvait savoir quelle machine à écrire avait été utilisée en fonction de la police. Est-ce que c'était facile d'identifier le numéro de l'imprimante en fonction de l'encre? Et si oui, est-ce qu'il pouvait s'en sortir tout seul, sans l'aide d'un criminologue? L'idée du criminologue démoralisa complètement Nikolaï. Si seulement l'encre avait été en couleur. Il avait entendu dire que les imprimantes couleur apposent une signature codée sur chaque feuille de papier. Des petits points jaunes à peine visibles.

Un trolleybus s'arrêta devant lui. À travers la vitre arrière, on voyait onduler les visages flous des passagers. Vêtu de son gilet orange, le conducteur sortit pour grimper sur la petite échelle située à l'arrière du véhicule et raccrocher les perches qui s'étaient désolidarisées. Les trolleybus, donc...

Celui de Mourmansk est le plus au nord de la planète. Et où se trouve la ligne la plus longue du monde? En Crimée? Une fois qu'il eut terminé de batailler avec les câbles, le conducteur redescendit hardiment. Conducteur – ça vient du verbe «conduire», «diriger»? Ou d'un autre mot? Celui qui conduit s'appelle un «chauffeur» en français, pourquoi? Sûrement parce que dans les premiers moyens de transport, il fallait faire chauffer du charbon. Le train est apparu bien avant l'automobile... Le trolleybus avançait lentement et Nikolaï, sans savoir pourquoi, restait derrière sans le doubler.

Il avait envie de bazarder cette maudite feuille. Mais comment? Par la fenêtre? Il étira son bras droit jusqu'au siège passager, déplia la feuille et l'observa. «Assassin!» Avec un point d'exclamation. Et si c'était l'un ou l'une de ses collègues? Beliaeva s'était mise en colère puis éclipsée. Nikolaï l'imaginait arc-boutée en train de fourrer le papier sous l'essuie-glace. Mais comment aurait-elle pu savoir? Non, c'était du délire, il était en train de rêver. Oui, de rêver. Nikolaï attrapa la feuille, la froissa autant qu'il put et sans regarder la balança par la fenêtre baissée, sous les roues trempées. Il entendit alors son ventre pousser de forts gémissements de réclamation, mais il n'était pas en état de s'arrêter, de reprendre ses esprits et de rentrer dans un café pour manger quelque chose; ses doigts ne cessaient de trembler. «Qui? Mais qui? Mais qui donc?» grommelait-il désormais en mode automatique, bêtement, comme une machine d'usine, comme une mitrailleuse. Encore et encore.

Il se rendit compte qu'il avait repris le fameux itinéraire. Il passa à proximité du croisement où Liamzine avait jailli sur sa voiture. Semionova, avec qui le défunt aurait fricoté, habitait vraiment tout près, dans un bâtiment neuf de grand standing. Il se dirigeait désormais du côté de la rocade en passant sur les mêmes flaques marron que la veille. Son ventre cria de nouveau. Il avait une envie subite de soupe au chou bien chaude. «Je vais juste jeter un coup d'œil par là-bas...», pensa-t-il sans savoir exactement ce qu'il voulait voir sur ce malheureux bas-côté. Pas le cadavre de Liamzine quand même? Une vision de potage bouillant lui apparut, en même temps que celle de Liamzine. *La kacha et la soupe au chou, c'est le manger de chez nous. Pour mes chouchous, je fais de la soupe au chou.* Sa femme ne la préparait pas trop mal, cette soupe, mais pas aussi bien que lui. Le plus important, c'était que le chou reste aigre. Et qu'il y ait suffisamment de viande. Des côtes de porc. Les hommes de Néandertal, paraît-il, préparaient déjà de la soupe. Ils faisaient cuire le bouillon dans une poche en cuir et le réservaient aux malades et aux édentés.

Nikolaï mordit sa lèvre épaisse. La fameuse palissade aux petites pyramides était là. Avec ses affiches déchirées, le portrait de la députée locale, accompagné du slogan : *Chez les femmes, le cœur est partout, même dans la tête*; et une annonce grand format : *Vends viande de porc*, sur laquelle, bizarrement, on avait mis une photo de Winnie l'ourson. Les côtes de porc lui revinrent à l'esprit. *Pour les gentils – le bien, et pour les méchants – une côte en moins.* Enfin il se retrouva au fameux endroit, là où, la veille, il avait laissé son passager. Quelques personnes habillées en civil et difficiles à identifier tournaient en rond, l'air concentré; l'une d'elles tenait en main un mètre ruban, ou quelque chose de ce genre. Qui étaient ces gens? Des enquêteurs? À côté, près du fameux caniveau, se trouvaient garées des voitures sans gyrophare ni flocage. Surtout, ne pas ralentir…

Nikolaï eut soudain l'impression que l'un des hommes le regardait… Il tourna vite la tête et fixa la route, droit devant lui. Et se souvint que pour réduire le stress, il fallait respirer alternativement par la poitrine et le ventre. Seul son ventre accepta la manœuvre. Ce ventre qui dépassait et débordait. Nikolaï pesait quatre-vingt-neuf kilos. Il fallait maigrir. Sa petite voix intérieure ricanait : «Tu maigriras en prison.» L'engrenage des associations d'idées arbitraires repartit alors de plus belle. Elvis Presley dormait plusieurs jours d'affilée uniquement pour ne pas manger. Il faut dormir pour ne pas manger et non manger pour ne pas dormir… Liamzine aussi était enrobé. Désormais, il dormait du sommeil éternel. Dans un pays exotique, un petit garçon de huit ans avait lapidé une petite fille. Il disait qu'elle devait se coucher et dormir comme la berceuse *Les jouets sont fatigués, ils dorment, les livres dorment…*

Nikolaï sentit ses yeux s'humidifier. Est-ce qu'il allait vraiment se mettre à pleurer? Si on mélange des larmes de femmes mariées avec de l'eau de rose, on obtient une solution curative, un baume pour les blessures… Stepan s'était coupé l'œil avec une feuille de papier et avait dû porter une lentille pour empêcher sa cornée de partir dans tous les sens. Et s'il racontait tout à Stepan? Non. Il ne comprendrait pas. Il parlerait.

Nikolaï poursuivit sa route, oubliant qu'il devait déjeuner et retourner au bureau. Si la peur a vraiment une odeur, les gens allaient-ils sentir la sienne? Ne vaudrait-il pas mieux qu'il se dénonce et raconte comment les choses s'étaient passées? De toute façon il n'avait pas tué Liamzine, il l'avait juste transporté.

Son téléphone se mit à vibrer. Nikolaï prit l'appel. Sa femme jactait :

— Je te préviens, c'est le bordel complet ! Ils ont promis qu'on aurait l'électricité ce matin, alors j'attends ! Et elle est où, l'électricité ? Et l'eau non plus, y en a pas. Tu te rends compte ? Kolia, tu m'entends ?

— Oui, oui, répondit Nikolaï d'une voix cotonneuse.

— Tu peux faire quelque chose ? J'ai téléphoné à la gestion de l'habitat, de vrais mufles qui disent que la moitié de la ville est dans la même situation, sans électricité. À cause de la pluie. Personne ne les a forcés à débiter leurs boniments, à ceux-là – comment on dit déjà, les services de réparation d'urgence –, c'est eux qui ont promis de finir avant midi. Avant midi ! T'as vu l'heure qu'il est ?

— C'est comme ça, mon soleil, la moitié de la ville est dans le noir, dit Nikolaï pour essayer de la calmer, mais sa voix restait absente.

— Mais où tu es ? demanda-t-elle dans un soubresaut.

— Je vais déjeuner. Manger un bout. Tu sais que le ministre a été trouvé mort ?

— Liamzine ? Évidemment ! Qu'est-ce qu'ils disent à ton boulot ? Et la directrice, elle sait ce qui s'est passé ? Cette pouffiasse de Semionova.

— Quoi, Semionova ?

— Bah il l'entretenait apparemment. Tu m'en avais parlé d'ailleurs.

— Moi ? Je ne m'en souviens plus..., bredouilla faiblement Nikolaï.

— Sûrement que c'est sa femme qui l'a descendu. Pour se venger. Elle devait en avoir ras le bol des infidélités. Elle l'a étranglé et puis elle l'a attrapé par le collet pour le balancer par-dessus la palissade. (Elle avait suggéré cette hypothèse sans qu'il fût possible de comprendre si elle plaisantait ou non.) T'oublieras pas de faire les courses ce soir? Je t'ai donné la liste.

— La viande, il la faut avec l'os?

— Absolument. Et trois paquets d'orge perlé. Ils sont en promotion en ce moment. Moins vingt pour cent. D'accord, Kolia, tu n'oublieras pas?

Nikolaï acquiesça comme si sa femme pouvait le voir. Puis il lui dit au revoir d'une voix ferme déjà. Il avait décidé de se rendre. Tout de suite. Peut-être même avant le déjeuner, comme ça c'était fait. Il accéléra pour être en accord avec sa décision. Sur les côtés défilèrent des rues humides et des passants, puis des monteurs-électriciens coiffés de casques orange qui s'engueulaient tristement, puis des câbles électriques cassés et des baraques de cireurs de chaussures arméniens ou assyriens, allez savoir. Nikolaï passa devant une enfilade de bâtiments staliniens aux balcons recouverts de moisissure, puis devant le cinéma L'Aurore décoré d'affiches et d'un écran extérieur qui ne marchait déjà plus, puis devant le club de sports pour enfants qui avait survécu aux années quatre-vingt-dix – c'était là d'ailleurs qu'on lui avait cassé le nez, quand il était petit. Ou, pour être précis, dévié la cloison nasale. De quoi faire de l'effet avec une photo de suspect sur fond de lignes graduées. Il avait gagné sa petite bosse pour le restant de ses jours – un profil à la romaine pour sa photographie signalétique.

Qu'il en soit ainsi. Mieux valait tout avouer maintenant que plus tard, quand ça partirait dans tous les sens. Il fallait trouver un avocat. Une angoisse cependant se mit à remuer, comme un putois dans son terrier, lorsqu'il pensa à sa fille. Ils allaient l'embêter, elle aurait honte de son père, que diraient ses camarades de classe… Ne valait-il pas mieux qu'il parle d'abord à sa famille ? Non. Sa femme allait pleurer toutes les larmes de son corps. Elle qui lui avait demandé d'acheter de l'orge perlé…

Sur sa langue, Nikolaï sentit nettement le goût du *rassolnik* à l'orge et au bouillon de bœuf. Et si on ajoutait de la *smetana*, alors là…

La voiture repartit de plus belle. Dans ses entrailles d'acier, on entendit l'essieu avant pousser un grand gémissement avant de se briser. La roue était tombée dans un trou.

— Purin de chèvre ! pesta Nikolaï tout en continuant sans raison à appuyer sur l'accélérateur.

Son véhicule, pris au piège, se contentait de rugir et de fumer. Nikolaï vit alors un passant à l'allure étrange s'approcher au pas de course pour lui venir en aide. À ce moment, on entendit un klaxon émettre un hurlement terrible ; sur la gauche, une chose énorme et qu'il était désormais impossible d'éviter arrivait à toute allure dans un bruit de grincement de freins. Cette chose vint le percuter. Le temps s'étira et se mit à couler goutte à goutte, lentement et inexorablement. « Un Kamaz ! » eut le temps de penser Nikolaï. « Non !!! » Quelque chose dans ses oreilles avait claqué et s'était mis à siffler. Nikolaï était mort écrasé.

3

Kapoustine souleva sa jupe, il respirait fiévreusement. Ses gros doigts maladroits firent froufrouter la dentelle de ses bas autofixants. Lasse, Marina Semionova pensa que cette main répugnante allait monter encore, qu'elle allait devoir reculer et donner une tape sur l'épaule de Kapoustine, que celui-ci allait insister, se coller à elle et s'énerver – l'affaire alors se terminerait en dispute. Et elle n'avait aucune envie de se quereller avec le procureur général de la région.

— Comme tu es tendue, lâcha Kapoustine d'une voix rauque dans l'oreille rouge de Semionova ; puis il attrapa sa tignasse épaisse, derrière la nuque, et enfonça sa grosse langue entre ses lèvres que la peur maintenait serrées.

« Pourquoi pas ? » pensa Semionova l'espace d'une seconde, mais la langue du procureur était à ce point désagréable, froide et massive, et ses cheveux tirés vers l'arrière sur sa nuque inclinée lui faisaient si mal qu'elle émit un faible gémissement avant de repousser son oppresseur avec une rage inattendue.

— Donc, si j'ai bien compris, Andreï Ivanovitch a le droit, lui, tandis que moi non, marmonna Kapoustine d'un air vexé en lâchant sa captive et en reprenant son souffle, comme un éléphant après la baignade.

— Lui, je l'aimais, répondit Marina Semionova sans savoir pourquoi.

La stupidité de sa phrase lui sauta aux oreilles.

Kapoustine perdit son sérieux et se mit à rire d'un air malicieux :

— Et comment ne pas l'aimer, hein, Marina Semionova ? Le défunt vous a tout apporté sur un plateau d'argent. Vous vivez comme un coq en pâte... Passez-moi l'expression.

Il s'assit sur le bord du bureau – juste en dessous du blason arborant le grand aigle bicéphale doré – et fixa Marina dans les yeux. Puis son regard alla traîner du côté de la veste en laine à moitié ouverte qui dévoilait les épaules roses de Marina. D'abord, elle ne sut que répondre. Ensuite, elle attrapa sans raison sur la table le lourd stylo avec lequel elle avait fait sa déposition et se mit à le tripoter de ses mains humides. Enfin elle le reposa et ce n'est qu'à ce moment-là qu'elle déclara :

— Voyez-vous, je n'avais aucun intérêt à ce qu'Andreï Ivanovitch meure. Et sur les caméras de surveillance de l'entrée du bâtiment, on voit bien... qu'il n'est pas monté chez moi.

— Mais personne ne vous accuse d'une telle chose ! l'assura Kapoustine avec un grand sourire. Au contraire, je compatis. Qui sera là désormais pour vous couvrir en cas de descente de police ? Qui sera le garant des nouveaux projets de votre entreprise de construction ?

— On va se débrouiller, dit Marina en gonflant ses joues.

— Bien sûr, acquiesça volontiers Kapoustine. Vous possédez entre autres cette – comment dit-on – clinique de soins esthétiques et cosmétiques Le Basilic. Sans parler des biens immobiliers que vous avez réussi à louer à trois sociétés. Trois sociétés et un restaurant. Vous voyez à quel point je m'intéresse à vos succès.

Semionova tapa du poing sur la table :

— Vous comptez mon argent, c'est ça ?

Ses narines se dilatèrent de colère tandis que ses joues – que les injections d'acide hyaluronique avaient rendu tendres et élastiques – se mirent à trembler car elle retenait ses pleurs. Elle se dit qu'elle avait loupé le coche, qu'elle aurait dû l'embrasser goulûment tant qu'il en avait envie, qu'il ne lui pardonnerait pas le dégoût qu'elle lui avait témoigné. Mais il bondit de nouveau sur elle comme s'il acceptait de lui donner une seconde chance. Son gros visage haletant se retrouva tout près d'elle, sa petite pogne se glissa timidement et lascivement par-derrière, à l'endroit qui plaisait tant à Liamzine, qui surnommait Marina « la callipyge ».

— Ma petite, on va partager, murmura Kapoustine en lui bavant dans le cou. Tu me donnes cinquante pour cent des bénéfices et l'affaire est classée.

— Classée ?

Semionova avait du mal à croire ce qu'elle entendait.

— Tu seras un témoin secondaire. Tout simplement. Notre Andreï Ivanovitch est mort d'une rupture de l'aorte.

Pendant qu'elle racontait à Piotr Iliouchenko – la seule personne en qui elle avait confiance – sa conversation avec le procureur, Semionova ne cessait de bondir de la causeuse et d'arpenter son luxueux salon ; elle ne restait pas plus d'une minute en place avant de se relever de nouveau. Iliouchenko, au contraire, était des plus détendus ; il n'était pas vraiment assis mais plutôt à demi allongé dans le fauteuil en cuir, les jambes étendues loin devant sous sa soutane noire en laine. Laquelle soutane irritait au possible les curés de la paroisse qui considéraient Iliouchenko comme un imbécile autoproclamé ; ils méprisaient sa conversation futile et grommelaient qu'il n'avait pas terminé son séminaire – comment osait-il porter l'habit ? Iliouchenko, de son côté, se voyait comme un œcuméniste ; pour accompagner son whisky, il prenait plaisir à débattre de la question du *Filioque* – formule, selon lui, complètement vide et insensée qu'il serait bon d'abolir enfin pour réconcilier les deux Églises séparées. Marina lui prêtait de l'argent et le retenait près d'elle car elle n'avait plus d'amies, elle les avait toutes perdues pendant qu'elle était étudiante.

— Une rupture de l'aorte ? déclara Iliouchenko d'un air pensif en mettant à la bouche une truffe en chocolat réhaussée d'une noisette. J'ai lu qu'il s'agissait d'un traumatisme crânien.

— Et alors ?

— Alors tu as dit que vous vous étiez disputés, la veille.

— Petia, tu penses que j'ai amené Andreï au bout de la ville pour cogner sa tête contre un trottoir ? Tu te sens bien ?

Semionova s'était de nouveau levée, inquiète, elle frottait l'une contre l'autre ses mains soignées. Elle repensa soudain au dos blanc et glabre de Liamzine et à sa tache de naissance couleur café sur les reins. Dans les moments d'intimité, ses pupilles partaient dans tous les sens et son visage se contractait. Ses cadeaux étaient généreux et toujours accompagnés d'un petit mot. Il les faisait passer par Lena, son assistante, une fille banale aux cheveux longs, avec des cils transparents et des pupilles qui semblaient dégouliner comme si on les avait écorchées.

Liamzine avait rencontré Semionova pour la première fois dix ans plus tôt. À l'époque, c'était un homme d'affaires bien installé, membre des plus hautes commissions et comités. Vêtue d'un tee-shirt en coton blanc, Marina courait rue Tsentralnaïa au milieu d'une troupe effrontée et exaltée de jeunes activistes aux tee-shirts trempés qui tenaient par le goulot tout brillant des bouteilles d'eau gazeuse sucrée préparée dans l'usine de la ville. « Dépensez vos sous en achetant notre eau gazeuse à nous », bramaient les pancartes. Au milieu des rires et des cris de la foule qui s'était réunie là, les tétons des étudiantes s'agitaient au rythme de la course, des bulles d'eau gazeuse de couleur verte coulaient dans leurs cous dénudés, s'envolaient derrière leurs têtes, giclaient et moussaient. C'était la grande fête nationale de la production alimentaire. Le triomphe de la prospérité du pays.

La petite usine appartenait à Liamzine. Il n'était pas encore ministre ; sous son nez plat, il souriait gentiment à la foule pendant que ses sourcils se levaient hardiment. Liamzine avait regardé Marina avec insistance et émotion, comme on regarde un bel animal apprivoisé, puis il avait saisi la première occasion pour lui tendre sa carte de visite qu'elle avait attrapée sans minauder de ses mains peu délicates. Deux jours plus tard, ils dînaient ensemble au restaurant. Lui avait commandé un cou de veau et elle du saumon mariné en sauce avec du caviar rouge. Ils avaient bu du vin vieux de Toscane et la soirée s'était terminée au petit matin dans la chambre d'un hôtel flambant neuf. Allongé dans le lit, Liamzine, en sueur, s'était empêtré dans les draps et avait eu du mal à respirer. « Maretchka, Maretchka », répétaient ses lèvres pâles. Il était tout à elle, écrasé par ce bonheur qui l'envahissait. Marina se baladait nue dans la chambre, regardait par la fenêtre, bondissait au-devant du miroir triptyque, incapable de contenir sa liesse.

Elle semblait pressentir que cet homme riche et actif serait désormais attaché à elle, accroché à ses basques.

— Je ne dis pas que tu l'as frappé, précisa Iliouchenko en croquant la noisette. Peut-être vous êtes-vous disputés, il s'est fâché, et ça s'est mal terminé.

— Nous nous sommes disputés la veille de sa mort. La veille. Je ne l'ai pas contrarié. Ce sont ces satanées lettres anonymes qui le rendaient dingue.

La querelle avait pour objet un éventuel bébé. Marina en rêvait, mais Liamzine avait peur de franchir le pas. Son épouse était évidemment au courant de sa relation avec cette femme et de l'opulence dans laquelle celle-ci vivait, mais l'enfant aurait été l'ombre au tableau, synonyme de l'effondrement de sa vie normale. Pour couronner le tout, Marina voulait se marier. Liamzine refusa, invoquant son fils, qui suivait ses études à l'étranger, et sa femme, à qui il devait tout ; et il offrit à Marina de nouvelles breloques hors de prix. En dix ans, elle s'était transformée en dame ultrachic, elle fricotait avec le maire et tous les pontes de la municipalité, soutenait des acteurs et des chanteurs, partageait ses secrets de mode dans des revues glamour, dirigeait un salon de beauté et filait à Bali pour faire des photos en maillot de bain. Au fil du temps, même si elle avait pris Liamzine en grippe, elle passait ses nuits à pleurer sur l'oreiller, en manque de lui, puis courait au salon de beauté pour recevoir une piqûre de collagène qui ferait disparaître les traces de son insomnie.

Semionova regarda d'un mauvais œil Iliouchenko qui faisait tomber des bouts de chocolat partout, puis elle se rapprocha du miroir ovale encadré de bronze dans lequel elle aimait à contempler son reflet. Son visage était tendu comme une pêche. Ses sourcils longs et bien dessinés. Ses yeux en amande. Son regard enveloppant.

— Et pourquoi vous êtes-vous frités ? demanda Iliouchenko en se bâfrant. Parce qu'il ne voulait pas d'enfant ?

— Je n'ai même pas eu droit à un chat, il est allergique. Enfin, il était allergique, dit Semionova en soupirant.

— Aucun chat n'est mentionné dans la Bible, déclara Iliouchenko sans raison. Les chiens quatorze fois. Les lions –, cinquante-cinq. Mais pas un seul chat.

— Pas un seul ? s'étonna Semionova en grimpant de nouveau sur la causeuse et en triturant les pans du peignoir rouge brodé de dessins fantaisie que Liamzine lui avait rapporté de Chine. Rouge – couleur des aristocrates ; si des gens pauvres portaient du rouge, on leur coupait la tête...

Iliouchenko termina son chocolat, le regard fixé au plafond sur lequel avaient été peints sur commande des séraphins à six ailes qui planaient au milieu de cumulus. Il demanda soudain :

— Marina, dis-moi juste pour quelle raison t'as eu besoin de tous ces radis ?

— De quoi donc ?

Semionova ne comprenait pas.

— De tout ce fric, ce flouze, ce pognon, cette oseille. De tous ces appels d'offres douteux. Liamzine t'a acheté de belles baraques, il t'a fait construire une villa, loin du centre-ville ; en quoi tu avais besoin, en plus, de l'entreprise de construction, et de tous ces biens immobiliers ? C'est l'appât du gain ?

— Et c'est parti pour la litanie du pope de service ! Quand tu t'es retrouvé au bord de mer, grâce à moi, tu n'as pas ramené ta fraise. Tu es revenu avec un beau bronzage tout neuf. Alors pourquoi tu me prends la tête, là ?

— D'abord, ce n'est pas pour me reposer que je suis allé là-bas, se hâta de rétorquer Iliouchenko, ramassant ses jambes sous lui. J'ai assisté à une conférence de théologie, où il était question de l'Église, de la société et de l'État...

— Mouais ! s'empressa d'ajouter Semionova.

— Ensuite, il ne s'agit pas de faire la morale. Je ne suis pas si prude. Pas comme votre confesseur.

— Ce n'est pas le mien mais celui d'Andreï Ivanovitch.

— Peu importe. Je n'ai pas l'intention de te faire la leçon, je suis juste curieux, d'un point de vue psychologique. En quoi tu avais besoin de tout ça ?

— Comment ça, en quoi ? dit Marina en haussant les épaules, et de nouveau elle se leva. Je n'ai plus vingt ans, tu peux comprendre ça. Mes cellules commencent à vieillir, ma peau perd en fermeté...

— Tu veux dire que tu avais besoin d'argent pour du botox ? l'interrompit Iliouchenko. Cela ne coûte pas si cher ! Soyons rationnels.

— Je suis très rationnelle, dit Semionova en renâclant. (Elle commençait à s'énerver.) Tu sais combien coûte une épilation au laser de nos jours ? Cent mille roubles la séance, et encore, il y a toujours des poils qui apparaissent là où il ne faut pas.

— D'accord, d'accord. (Iliouchenko fit la moue.)

— Et les massages ! s'enflamma Semionova. Et le soin LPG ? Et l'irradiation du sang au laser ? Et la cryothérapie ? Et les injections de plasma ? Et les produits de comblement ? Et ce n'est que le début. Tu sais combien coûte une paire de bonnes bottes ? Un sac Burberry ? Une robe de chez Dior ?

Semionova attrapa sa tête dans les mains et se mit à arpenter la pièce, les pans de son peignoir s'ouvrant et découvrant jusqu'au-dessus du genou ses jambes horriblement blanches.

— Calme-toi, Maricha. (Iliouchenko se leva et agita ses mains pour faire asseoir son amie.) Tu es bien excitée. Je ne te reproche rien du tout. Bien sûr que ça coûte de l'argent de se maintenir en forme quand on est une belle femme. Mais là on parle de millions. Ce n'est pas pour rien que Kapoustine s'étouffe actuellement dans sa bave. Son appétit est devenu féroce.

— Tu veux quoi exactement, Petia ? lui demanda Semionova d'un ton calme et las d'où la colère avait déjà disparu.

Elle bascula sa tête en arrière d'un air résigné pour la poser sur le dossier ondulé de la causeuse. Elle se souvint de la fois où Liamzine l'avait prise à cet endroit même, au retour d'une réunion chez le gouverneur ; il était tout pimpant et débordant d'énergie, comme une balle rebondissante. Devant tout le monde, on l'avait complimenté et érigé en exemple. Sa gestion des biens de l'État était parfaite. Il excellait dans la substitution aux importations et avait réussi à dynamiser l'entreprise locale Horizon pour relancer la production de machines à poncer.

Sur le seuil déjà, sans se déchausser, il avait défait sa ceinture, entraîné Semionova dans le salon (ils avaient trébuché sur le tapis en laine et le vase en porcelaine s'était envolé), puis il l'avait plaquée contre la causeuse, retournée derrière devant – selon sa propre expression –, il avait soulevé sa robe et mis des claques sur ses fesses qui commençaient à gonfler, jusqu'à ce que de légères plaques rouges apparaissent ; ensuite il s'était adonné à l'acte avec une grande fougue. Les motifs du tissu – petits bourgeons verts et branches incurvées recouvertes de fleurs – s'agitaient frénétiquement devant les yeux de Marina pendant que son arrière-train prenait abominablement feu. De quand datait ce moment ? D'un mois ? D'un petit mois, oui, tout au plus.

Iliouchenko s'assit près de Semionova et commença son exposé, sans se presser.

— Je t'explique. Tu as agi dans le cadre d'un accord. Ton amant te faisait passer les appels d'offres quand ils étaient encore tout chauds ; tu n'en as pas raté un seul. D'un point de vue déontologique, c'est pas réglo, c'est criminel. D'un point de vue utilitaire, tu as parfaitement raison. Et Andreï Ivanovitch aussi. Tous les fonctionnaires qui touchent des pots-de-vin sont irréprochables, moralement. Comme tous ceux qui les versent, qui sont parfaitement innocents. Le conséquentialisme...

— Ne me prends pas la tête, Petia, interrompit Semionova.

— Marich, écoute-moi, je suis en train de t'expliquer. Tu ne ressens aucune espèce de culpabilité à posséder, disons, une villa sur trois niveaux alors qu'un prof d'université se contente d'un deux-pièces dans un immeuble qui date de Khrouchtchev et que dans son frigo traînent deux pauvres carottes. Toi, tu n'as pas fini tes études et tu vis dans le luxe.

— J'ai eu mon diplôme.

— Ils te l'ont offert, a posteriori. C'était un « cadeau » de notre université. Pour remercier ta société d'avoir construit une piscine couverte au recteur. Alors que tu n'avais bûché que trois ans et demi, en tout et pour tout.

— Petia, arrête, le pria calmement Semionova.

— J'essaie de finir mon explication. Tu ne ressens aucune culpabilité, au contraire, tu es ravie. Et Andreï Ivanovitch, paix à son âme, était ravi lui aussi. Et le recteur est ravi, et tes employés, ta sœur et son mari, et ta mère qui ne vit pas loin – tous sans exception sont ravis. D'un point de vue utilitaire, si vous êtes tous contents, c'est que vous avez raison. La fin justifie les moyens.

— Et après ?

— Le problème, avec ce genre de moyens, c'est qu'on a tendance à s'emparer de tout ce qui nous tombe sous la main, ce qui est plutôt injuste. Au final, c'est le plaisir et le profit qui priment. Pour toi, les îles et les massages ; pour tes employés, un boulot et des matériaux de construction à l'œil, et pour Andreï Ivanovitch, de son vivant en tout cas, toi. Une belle femme. Plus il dépensait pour toi, plus tu prenais de valeur à ses yeux. Son investissement allait croissant.

— Tu tournes en rond, Petia, fit remarquer Semionova en mâchouillant d'un air pensif les pointes de ses cheveux châtains.

— Marina, j'essaie juste de te démontrer que tout ce que tu as fait suivait une certaine logique. C'est tout. C'est le dilemme du prisonnier. Imagine qu'une folie te passe par la tête et que tu refuses de jouer le jeu de la corruption. Imagine.

— Ç'aurait été pareil, répondit Semionova avec assurance.

— Parfaitement ! Il en aurait trouvé une autre. Qui n'aurait pas laissé passer l'occase. Conclusion ? Enfreindre les règles, ce n'est bon pour personne. Et si les gens de ce pays se mettaient d'accord pour ne pas verser de pots-de-vin, ne pas en accepter, ne pas piller les budgets, ne pas accorder de coupe-files à leurs proches ni à leurs amis, alors dans ce cas, oui, nous aurions un État de droit. Mais si ne serait-ce qu'un seul d'entre nous s'arrose au passage, alors les autres aussi ont intérêt à le faire, tu comprends ?

— Petia, pourquoi tu t'excites comme ça, objecta Semionova. Tout ça, ce sont des banalités, des platitudes !

Elle se leva et s'approcha du piano que lui avait acheté Liamzine pour ses trente ans. Le clavier était ouvert et elle tenta une mélodie plutôt triste et lancinante – probablement *L'enterrement de la poupée* – mais le clavier ne voulait pas lui obéir. Après quelques fausses notes, elle ferma le couvercle.

— Tchaïkovski ? réagit Iliouchenko en reprenant un chocolat. Tu savais qu'il était mort après avoir bu de l'eau non bouillie ? Peut-être que ton Andreï Ivanovitch a passé l'arme à gauche pour la même raison ?

Semionova ne répondit pas. Elle observait les stores devant lesquels elle se tenait le soir où Liamzine était mort ; elle attendait que son amant monte la rejoindre et regardait par la fenêtre contre laquelle tambourinait une pluie déchaînée. Ces derniers temps, Liamzine restait souvent avec sa femme pendant ses jours de repos, prétextant une surcharge de travail. Ce qui énervait profondément Semionova. Que faisait-il en tête à tête avec son Elvira Sergueïevna, si avachie, si empâtée et qui manquait si cruellement de féminité ? Dire qu'elle était directrice d'un établissement scolaire. Gardienne du troupeau des jeunes. Alors qu'ici, sous les séraphins à six ailes, Marina Semionova attendait Andreï Ivanovitch. Vêtue de son nouveau corset en dentelle à jarretelles amovibles acheté en boutique. Une goutte de parfum dans le cou, sur la poitrine et les poignets. Et des boucles jusqu'aux épaules. Ainsi apprêtée, elle était mise au supplice de l'attente.

— J'ai entendu dire, déclara-t-elle enfin, que les amateurs de musique classique sont plus fidèles que les fans de rock.

— Ah oui ? s'intéressa Iliouchenko. Alors avoue un peu – comme à ton confesseur bien sûr –, tu ne l'as jamais trompé, Andreï Ivanovitch ?

— Obsédé ! dit-elle en souriant. Seuls les obsédés veulent savoir ce genre de choses. Je vais préparer du thé.

Dans la cuisine recouverte d'un carrelage coloré aux

motifs de poêles en faïence, fabriqué à sa demande, elle remplit la bouilloire d'eau et appuya sur le bouton. Une diode électroluminescente bleue s'alluma.

L'avait-elle trompé ? Est-ce que ce qui s'était passé avec Stepan, son subordonné, dans les vapeurs de l'alcool, comptait comme une tromperie ? C'était le soir du Nouvel An. Elle se sentait seule, très seule. Liamzine et sa femme étaient partis à l'étranger voir leur fils, et elle était restée en ville, sans homme ni chaleur. Elle ne se souvenait pas exactement de ce qui l'avait attirée, chez ce Stepan. Sans doute les toasts qu'il avait portés, audacieux et un tantinet vulgaires, en parfaite harmonie avec ses larges épaules et son prénom grisant de paysan.

Semionova avait pris l'initiative de l'amener dans son bureau. Quand ils avaient trébuché dans les escaliers, sous l'effet de l'alcool, il s'était rattrapé à son derrière, sur fond de rire gras. Puis ils avaient claqué la porte et s'étaient affalés dans le noir sur la table en chêne recouverte d'un tapis de feutre. Lui avait baissé son pantalon, puis, dans un élan tout éthylique, il avait fourré son nez dans sa grosse poitrine qui débordait. À cause de la chaleur et de l'ennui, elle voulait que Stepan se retrouve en elle le plus rapidement possible. À peine les secousses avaient-elles commencé que la banane ébouriffée de Stepan s'était mise à trembloter au-dessus de sa tête et sa langue à dessiner des huit dans l'air, comme chez les mâles en rut. Le désir de Semionova, alors, s'était complètement éteint. Ne restait que la sensation désagréable de quelque chose qui s'écrasait et s'enfonçait à l'intérieur d'elle ; ses pensées s'étaient focalisées sur un bouton qui avait sauté, puis elle s'était demandé si ça valait la peine de fermer les yeux d'un air inspiré pour que Stepan ne se rende pas compte que l'extase n'était pas au rendez-vous, seuls quelques mouvements maladroits, un vertige léger et les klaxons de la ville, dehors.

Deux semaines plus tard, elle déboulait au siège de la société pour jeter un coup d'œil aux devis. Stepan s'agitait dans le couloir, à tenter de croiser son regard. « On dirait qu'il n'a pas vendu la mèche à Andreï », pensa-t-elle avant de lui demander de venir la voir.

— Marina, commença Stepan, en souriant d'un sourire qui en disait long et en caressant le feutre du bureau – celui-là même sur lequel il avait palpité l'autre fois, dans la ferveur de l'amour.

— Marina Anatolievna, le corrigea sévèrement et simplement Semionova en lui tendant une enveloppe. Voici pour vous, Stepan. Une petite prime. Pour prendre du repos avec votre femme et vos enfants. Vous l'avez bien mérité. En tant qu'employé du service de…

— Du service des achats.

Son visage gaillard, devenu soudainement sérieux, s'était légèrement assombri. Il avait terminé la phrase pour elle, pris l'enveloppe et était sorti du bureau avec déférence, comme on sort du bureau d'une directrice générale.

Le service des achats… C'était là que travaillait le pauvre bougre qui venait d'avoir un accident. Un accident qui avait causé sa mort. La négligence des services de voirie…

L'eau de la bouilloire avait atteint l'ébullition, la diode s'alluma. Iliouchenko entra dans la cuisine et aida Semionova à attraper les tasses en porcelaine dans le buffet. Sa croix en métal s'agitait et battait sa soutane.

— Et comment ça s'est terminé avec Kapoustine, le procureur général ?

— J'ai réussi à négocier trente pour cent des bénéfices.

— C'est tout ?

— J'ai aussi cédé mes parts de l'usine d'eau gazeuse. La majorité. Andreï les avait mises à mon nom quand on l'avait nommé ministre. Il n'allait quand même pas tout laisser à sa vieille bique.

Elle se souvint de Kapoustine et de son menton tremblant plein de touffes de poils, de son regard hautain, à la fois féroce et suppliant, comme s'il avait baissé les armes. Il contemplait Marina en train de s'occuper de lui, juste en dessous, la veine de sa tempe tremblotait comme un fleuve de montagne. Dans les bras de Marina, Kapoustine semblait petit et gros, comme un bolet. Une seconde plus tard la bouche de Marina était inondée d'un goût amer ; le procureur tressaillit puis fit quelques pas en arrière, sur ses jambes flapies. Dans son sac Burberry, elle saisit une serviette en papier et essuya les contours de sa bouche – pour ne pas qu'ils s'assèchent, pour ne pas que la semence de Kapoustine aille se solidifier.

4

Dans son rêve, Ella Sergueïevna avait perdu ses bottes montantes noires en feutre à petits talons. « Lialioussik ! Dépêche-toi, on est en retard ! » criait Andreï Ivanovitch derrière la porte. Ella Sergueïevna martelait le parquet de ses grands pieds chaussés de bas nylon et faisait claquer les portes de l'armoire en rotin. Impossible de trouver les bottes.

Un instant plus tard, elle retrouvait Andreï Ivanovitch dans la courette, veste en cuir ouverte, qui lui faisait des signes avec ses petites mains bien entretenues. « Lialioussik ! Dépêche-toi ! » répétait-il plein d'impatience pendant qu'elle s'approchait de lui en vitesse et sans chaussures, sur le carrelage froid. Elle ne put savoir ce qui s'est passé ensuite – si elle avait retrouvé son mari dehors ou si elle était retournée à l'intérieur – car elle tressaillit soudain, réveillée par la sonnette stridente de la porte. Des « C'est quoi ? », « C'est qui ? » pilonnaient sa tête. Elle extirpa ses jambes lourdes et variqueuses de la couverture en laine et regarda Andreï Ivanovitch. Du cadre argenté dans lequel on avait placé son portrait, il dardait sur elle les rayons de son sourire empreint d'une légère culpabilité. À côté, sur la table de nuit, était posé un livre de prières sombre truffé de marque-pages dorés. Le confesseur l'avait invitée à lire un peu le matin et le soir, dans la dévotion, pendant les quarante premiers jours. *Vous êtes la consolation des pleurs, l'intercession pour les orphelins et les veuves…*

Après l'identification du mort et les horribles mais inévitables démarches, ce qui avait été Andreï Ivanovitch fut ramené de la morgue à la maison. Ella Sergueïevna s'était inquiétée en vain de ce que l'enquête ne permette pas de récupérer le défunt à temps pour dire son office, le troisième jour. Les anatomopathologistes et les costotomes cliquetants avaient hanté ses cauchemars nocturnes pour rien : le bilan des médecins légistes était tombé pile dans les délais – arrêt cardiaque. Pourtant, les circonstances étranges de sa mort et la découverte de son corps aux confins de la ville, sous la pluie diluvienne, faisaient naître toutes sortes de conversations, à voix haute et basse. Ella Sergueïevna fut convoquée par les enquêteurs pour répondre à quelques questions sur sa situation familiale. Elle ne put retenir ses larmes et maudit Marina Semionova. La diablesse suçait le sang de feu son mari depuis dix ans déjà. Lui était très affecté et rempli de remords. Les mystérieuses lettres envoyées par des délateurs inconnus lui causaient du tourment. Oui, il consultait un cardiologue. Les médecins lui avaient défendu de manger viandes et poissons, fumés ou grillés, ainsi que les aliments gras, mais Andreï Ivanovitch était têtu et se fichait bien de ces interdictions. L'astrologue d'Ella Sergueïevna lui avait souvent répété : « Lorsqu'un Bélier s'enterre dans le sable, personne ne peut le faire sortir. » Elle n'avait pas vu sa mort venir. La maison huit donnait une mort violente et la maison onze, une mort naturelle. Vénus en opposition à Saturne…

Ella Sergueïevna posa la main sur l'interrupteur de la salle de bains. Son visage nu et gonflé semblait si fragile sans l'épais trait d'eye-liner, sans le blush couleur brique, sans le collier de grosses perles accroché autour de son cou. Le visage poudré d'Andreï Ivanovitch, installé dans le luxueux cercueil en palissandre équipé d'un couvercle en deux parties, lui revint à l'esprit. Pendant qu'on le transportait, le cercueil avait cogné un montant de porte. Natalia Petrovna, l'adjointe du ministre, s'était signée puis avait pleuré – apparemment, c'était mauvais signe. Le gouverneur, qui était en déplacement, n'avait pas assisté aux adieux. Parmi les endeuillés, des bruits circulaient. Quelqu'un avait discrètement lâché le mot « rétrocommission », un autre avait entendu « chantage », un troisième « dépression ». Ella Sergueïevna ne les écoutait pas. Elle regardait le dos fin et discret de son fils, venu spécialement en avion de l'étranger. Il n'était resté que deux jours et n'avait pas versé une seule larme avant de repartir vers ses études. Le magot d'Andreï Ivanovitch se trouvait bien loin, dans des fonds fiduciaires – pas moyen de le dégoter ni de réclamer quoi que ce soit.

Ella Sergueïevna prêta l'oreille. La sonnette avait cessé de retentir. Avait-elle rêvé ? En général, c'était Tania qui s'occupait d'ouvrir la porte, mais aujourd'hui la sinistre employée de maison était de repos. Après les funérailles, en débarrassant la table, Tania avait cassé en mille morceaux une tasse du service de mariage – un cadeau de la maman d'Ella Sergueïevna. Une denrée rare à l'époque soviétique. Quand elle avait vu les morceaux de porcelaine épars, Ella Sergueïevna avait piqué une crise et traité son employée d'idiote. Celle-ci avait baissé la tête, et les phalanges de ses mains sèches et maladroites étaient devenues blanches.

Pendant qu'elle enroulait la serviette de bain pour tapoter légèrement le dessous de son menton – il ne faut pas que la chair se relâche –, Ella Sergueïevna se disait qu'« il allait tout de même falloir la virer ».

Ces derniers temps, Tania avait éveillé en elle une sorte d'inquiétude ; depuis la mort d'Andreï Ivanovitch, son angoisse avait épaissi et s'agitait comme un papillon de nuit coincé dans un bocal. Tout avait commencé par le tableau accroché au-dessus de la table ronde en chêne, dans le salon – un grand portrait en pied du maître de maison. Pour une raison inconnue, Ernest Pogodine, le peintre, avait représenté Liamzine avec un costume de général garni d'épaulettes dorées et d'une croix non identifiée, dorée elle aussi, posée sur la poitrine, comme pour mettre l'accent sur des récompenses à venir qui n'étaient – hélas – pas encore décernées. Et pour nettoyer cette toile empoussiérée, Ella Sergueïevna, justement, avait fait appel à des spécialistes. Lorsqu'ils l'avaient retiré de son clou, le tableau avait émis des grognements et des sons gutturaux ; de l'espace situé entre la toile et le cadre était tombé un domino noir avec un point blanc sur chacun des deux carrés. Ella Sergueïevna avait tout de suite eu un mauvais pressentiment. Cette trouvaille inattendue n'était rien d'autre qu'un porte-malheur, un acte de vandalisme. Mais qui avait bien pu fourrer ce domino dans le tableau ? Les invités ? Non. Ils ne s'éloignaient jamais. C'était sûrement l'employée silencieuse. Cela ne pouvait être qu'elle. Et quand on avait retrouvé Andreï Ivanovitch mort, Ella Sergueïevna avait tout de suite pensé à cette satanée Tania et à ce domino. Est-ce que le sort s'accomplissait ?

De nouveau la sonnette retentit – exigeante, insistante. Ella Sergueïevna jeta la serviette mouillée dans le lavabo et se lança à la recherche du peignoir coloré que son mari lui avait rapporté de Chine et qu'elle voulait enfiler par-dessus la chemise de nuit qui battait ses mollets. La journée de la veille – agitée et pesante – lui revint en mémoire et se mit à tourner en tous sens dans sa tête. Pour la première fois depuis la tragédie, Ella Sergueïevna était retournée sur son lieu de travail, à l'école. Un interminable défilé de condoléances s'était tout de suite engagé. Dans un premier temps, entendre «perte irremplaçable», «mémoire éternelle», «séisme provoqué par la terrible nouvelle», «partage de la triste peine» lui avait apporté une dose de douceur, d'apaisement et de liquide lacrymal...

Les enseignants se pressaient autour d'elle, les visages des parents défilaient; après le déjeuner il était littéralement impossible de se frayer un passage dans son bureau. Les dames de la direction de l'enseignement y pénétraient avec précaution. Lenotchka, l'assistante d'Andreï Ivanovitch, avait fait un saut pour rendre la montre que feu son boss avait oubliée sur son bureau. Étrangement, les élèves du cours préparatoire avaient apporté des bouquets d'œillets. Mais qu'en faire? Elle n'allait tout de même pas les mettre dans un vase.

Une odeur de néant empesta l'air et un brouillard de ténèbres envahit le cœur d'Ella Sergueïevna. Une peur insaisissable la faisait frissonner, la brisait. Dépourvue de la haute protection d'Andreï Ivanovitch, elle devenait toute petite, insignifiante. Comme des prédateurs, les employés s'étaient massés autour d'elle, se réjouissant de son malheur. Elle ne savait pas pourquoi l'adjointe à l'éducation lui avait glissé une copie du nullissime article écrit par le journaliste Katouchkine, en disant que les auteurs de pareils pamphlets mériteraient de passer devant les tribunaux. Ce mufle y évoquait tout l'or dont regorgeaient les greniers de Liamzine, faisait de lourdes allusions à Marina Semionova, «la complice de charme du ministre», et soulignait avec un humour assez particulier l'absence du gouverneur aux funérailles. Selon lui, on savait que le défunt avait commis quelques rapines qui allaient désormais éclater au grand jour ; que les lettres anonymes avec lesquelles on avait harcelé Liamzine étaient prétendument truffées de révélations d'adultère et d'abus de pouvoir ; et que Kapoustine, le procureur, aurait de quoi s'occuper désormais et qu'il allait sur-le-champ entamer un exercice d'approche de la veuve. Pour conclure, l'affreux journaliste évoquait de manière évasive les fraudes commises par l'école que dirigeait Ella Sergueïevna.

Au lieu d'éprouver de l'irritation, au lieu de s'empresser de ficher, avec un geste de mépris, ces sales feuilles dans la corbeille à papier, une peur, coincée à l'intérieur d'elle, la pétrifia soudain. Et s'ils se mettaient à tout vérifier ? S'ils se rendaient compte qu'Ella Sergueïevna avait soigneusement reporté dans le journal de la classe de terminale des notes de sciences sociales. Des notes et des cours qui n'avaient jamais existé. Et que, en accord avec la cheffe comptable – une femme grasse qui portait un châle duveteux d'Orenbourg –, elle avait remis pendant des années à cette dernière des documents permettant de calculer le salaire d'enseignants qui n'existaient pas. Et que non seulement ces pédagogues fantômes étaient payés tous les mois avec l'argent de la caisse, mais qu'en outre on les motivait avec des récompenses en cas d'accomplissements importants. Et aussi qu'Ella Sergueïevna avait enregistré, comme dame de vestiaire, une pauvre parente qui était apparue tout au plus une fois dans l'enceinte de l'établissement. Son salaire, pourtant, continuait d'être versé. Ella Sergueïevna avala sa salive froide et décida de licencier tout de suite ces fantômes, pour une faute qu'ils auraient commise.

Les responsables pédagogiques s'agitaient en tous sens, saisies par la peur, leurs cheveux colorés jusqu'alors maintenus par des pinces en plastique partaient de tous les côtés en queues-de-cheval ébouriffées. Ella Sergueïevna sentait que ces femmes aussi redoutaient de ne pas savoir ce qu'il allait advenir d'elles, et qu'elles étaient prêtes à la lâcher à la première occasion. Mais ça n'était pas possible. Toutes, sans exception, étaient impliquées. Toutes avaient ponctionné les élèves autant qu'elles avaient pu. Les brevets d'études, enfermés dans une armoire ignifugée, étaient distribués contre un montant qui n'était pas divulgué. Celui qui ne payait pas son dû à son école chérie se retrouvait sans diplôme. «La collecte a lieu en salle informatique...», se souvenait-elle. Cet argent liquide, poisseux, était récolté petit à petit dans d'épaisses enveloppes sur lesquelles était indiqué le nom de famille. Tous les montants étaient différents. La porte de la classe était équipée d'un verrou brinquebalant tandis que sur le mur du bureau d'Ella Sergueïevna était apparu un écran ultraplat. Un écran qu'on pouvait orienter dans tous les sens, comme un être vivant, et dont la gueule carrée pleine de cristaux liquides flamboyait.

Avec les enseignants, c'était une autre affaire. Ils pouvaient lui tomber dessus à bras raccourcis, sans préavis. Ella Sergueïevna les payait le strict minimum depuis fort longtemps. Fêtes régionales, parades, élections, concours, conférences – à chaque occasion, ils notaient les heures supplémentaires effectuées, et pourtant, les honneurs, la reconnaissance et les récompenses revenaient toujours et sans exception à Ella Sergueïevna. Une enseignante en littérature bien mal avisée s'était lancée dans un rapport qu'elle avait adressé aux plus hautes instances. Malgré cela personne n'avait touché à un seul cheveu d'Ella Sergueïevna – merci feu Liamzine. La littéraire avait été définitivement écartée et plus personne n'avait osé attaquer la directrice...

Ella Sergueïevna fourra les mains dans les manches glissantes de son peignoir; elle frissonnait, bouleversée, et son reflet dans le miroir de l'armoire se découpa en six morceaux. Les cravates d'Andreï Ivanovitch s'agitaient sur le cintre qui ressemblait à une colonne vertébrale aux côtes saillantes comme des chevrons. En guise de mâchoire, un crochet en forme de point d'interrogation faisait saillie. Son fils lui avait raconté que, sur les cravates américaines, les bandes partaient de l'angle supérieur droit pour aller vers l'angle inférieur gauche et que sur les cravates britanniques, c'était l'inverse. Et si les bandes partaient dans les deux sens? On se retrouvait derrière des barreaux... Les cravates seraient distribuées aux chauffeurs d'Andreï Ivanovitch. «Il avait libéré son chauffeur ce soir-là», répétait pour la énième fois Ella Sergueïevna. Pourquoi? Mais pourquoi donc?... Elle se rendit compte, avec une lucidité nouvelle, que son mari ne serait plus jamais là, non, et que c'était irréversible; oubliant le vacarme assourdissant de la sonnerie, elle s'assit au bord du lit défait après la nuit.

Maudite Semionova. Ella Sergueïevna avait soupçonné cette foutue liaison dès les premiers instants où Liamzine s'était détaché d'elle, on le lui avait pris, faisant voler son amour en éclats; dès qu'il ne l'avait plus rejointe la nuit en vue d'une douce et brève caresse conjugale et que, prétextant une charge de travail énorme, il s'était retourné et lui avait présenté sa nuque massive avant de sombrer dans un ronflement distant et froid. Remplie du venin que cette impassibilité avait inoculé en elle, Ella Sergueïevna avait envisagé tous les élixirs secrets possibles et imaginables – mouche espagnole, yohimbine, stimulant pour chevaux, extrait de krill antarctique et foie de poisson, infusion de ginseng et poivre à queue. Quelques gouttes dans la tasse de thé du soir. Mais au lieu de brûler de désir et de se jeter sur elle le cou épais et les yeux injectés de sang, comme un élan en rut, Andreï Ivanovitch s'était teinté de vert et enfermé dans les toilettes. Puis il avait vomi dans la douleur.

Désormais, c'était sans son épouse qu'il se rendait aux coupures de ruban et autres événements officiels. Ella Sergueïevna savait qu'au milieu des invités bien mis se trouvait sans doute cette fille vulgaire qui avait pris en chasse la fortune de Liamzine. La haine la consumait vivante et il était difficile de savoir qui des deux la rebutait le plus, Semionova ou son mari. Elle avait l'impression qu'elle allait devoir vieillir seule, dans la honte et le mépris. Pourtant, les années passaient et Andreï Ivanovitch continuait à rentrer chez lui, auprès de sa famille ; les premiers temps, il ne prenait même pas la peine de masquer son sourire empreint de joie coquine, mais ensuite, de ses lèvres pincées ne parvenaient plus que des grommellements haletants chargés d'irritation.

Sa diabolique assistante, Lenotchka, avait cru bon murmurer à l'oreille d'Ella Sergueïevna, lors de l'anniversaire de l'usine de boissons gazeuses, qu'elle avait de la peine pour Andreï Ivanovitch. Parce que celui-ci avait promis à Marina Semionova qu'il divorcerait dès que son fils aurait grandi et partirait étudier à l'étranger. Le fils avait grandi et suivait de brillantes études dans une école d'élite, et pourtant rien ne changeait. Sans doute que Semionova ne lâchait pas Liamzine et lui labourait le cerveau. Cette idiote de Lenotchka avait-elle pensé qu'Ella Sergueïevna partagerait ces mesquineries avec elle et partirait d'un rire jubilatoire et inextinguible ? Elle se contenta de devenir rouge comme une pivoine, ses yeux la picotaient. Comment cette pauvre subalterne avait-elle osé s'entretenir avec elle, ancienne députée de l'assemblée régionale, directrice d'école, épouse du ministre ? Qu'elle passe son chemin, cette arrogante gamine ! Tous ces arrivistes l'horripilaient, ces insupportables moins que rien ! Punaises, cafards, mouches à viande ! Je vous interdis de toucher à Andreï Ivanovitch !

Car Andreï Ivanovitch était un type bien. Dieu seul savait combien de sociétés il avait mises au nom de son insatiable maîtresse. Combien de millions il avait dépensés pour elle en cadeaux. « Ils ne sont pas à moi, tous ces millions, lui avait-il dit une fois, ils appartiennent à l'État. » C'était la première fois qu'ils parlaient ouvertement de Marina Semionova. Sur la commode, on entendait le tic-tac de la montre dont les aiguilles dorées tremblotaient. Il était plus de deux heures du matin et Liamzine ne parvenait pas à dormir. Des sueurs froides parcouraient ses joues ramollies. Il avait parlé des lettres anonymes à sa femme. Des menaces qu'il recevait provenant d'adresses électroniques inconnues. Il s'était plaint de ce chantage auprès de Kapoustine, le procureur, mais ce dernier, en plaisantant, avait suggéré que le problème venait de son épouse. « Ella Sergueïevna aurait-elle trouvé un moyen de vous garder au foyer ? » Pour rassurer sa femme, Liamzine lui affirma, au bord des larmes : « Je ne t'ai pas quittée et je n'ai pas l'intention de le faire », tout en regardant ses doigts épais et nus, dépourvus des bagues serties de diamants qu'il ôtait pour la nuit. Puis ses nerfs avaient lâché. « Bien sûr que tu vas rester, espèce de salopard, pensait Ella Sergueïevna à part soi, mais c'est simplement parce que le gouverneur a annoncé un programme sur les valeurs de la famille. Si tu divorces, on te démet de tes fonctions. Et tu n'auras plus personne à qui ponctionner de l'argent. »

La cellule familiale fut ainsi sauvée.

La sonnerie, à la porte, repartait de plus belle, comme une fraise de dentiste, invasive et lancinante. Ella Sergueïevna distingua même une sorte de hurlement lointain. Et fut prise de frayeur : « Est-ce qu'ils sont en train d'ouvrir ma porte avec une disqueuse ? » Elle s'arracha du lit, se cogna au coin du gros meuble en bois rouge et trébucha, pressée de descendre dans la cour. « Tu vas avoir de la visite, ma vieille ! » lui promettait le mot imprimé sur la feuille épaisse pliée en quatre qu'elle avait trouvée à la fin de la journée, lorsque son bureau s'était vidé, dans la masse des documents qui gisaient sur sa table. Elle ne lui avait accordé aucune attention. Elle l'avait même oublié ! Pourtant ce mot était venu se nicher dans son cerveau comme une tache d'encre noire et l'empêchait de trouver le repos, la nuit. Ce mot auquel Ella Sergueïevna ne voulait pas penser. « Tu vas avoir de la visite... » Les visiteurs non invités étaient arrivés. Dans le couloir, l'écran du vidéophone se mit à dysfonctionner, n'affichant que des lignes verticales.

L'escalier en chêne se secoua sous l'effet de ses pas, lourds comme ceux d'un ours. Un premier virage puis un deuxième. Sa main s'appuyait sur le papier peint scintillant à motif de bambous. L'obscurité régnait dans le salon dont les stores étaient tirés.

Sur le tableau d'Ernest Pogodine, Andreï Ivanovitch clignait des yeux, mécontent, ses épaulettes de général étaient ternes.

— Putain!..., jura Ella Sergueïevna lorsqu'elle se cogna douloureusement contre le tabouret de style Renaissance – un cadeau du ministre de la Culture.

Elle ne parvenait pas à oublier le mot. « Saletés de gamins, pensa-t-elle, qui d'autre ? » Les enfants n'étaient plus ce qu'ils étaient, c'était indéniable. Récemment, elle avait convoqué les élèves de terminale, un par un. Elle leur avait d'abord passé un savon, pour leur passer l'envie de recommencer. Les nigauds avaient pris l'habitude de manifester, allez savoir pourquoi ; ils s'attaquaient aux dieux du ciel, médisaient sur le compte du gouvernement. Cette horrible contagion était l'œuvre d'étudiants agitateurs qui récupéraient toute cette merde sur Internet. Ils s'offusquaient de ce que certains esprits n'étaient pas éclairés. Entre deux bafouillements et bêlements, les parents de ces élèves perturbateurs avaient promis de prendre des mesures pendant qu'Ella Sergueïevna, mains sur les hanches, les avertissait d'une voix grondante :

— Vous vous rendez compte de la gravité de l'affaire ? On utilise votre enfant de manière illégale ! Je vais me trouver dans l'obligation de prendre contact avec les services spéciaux, une mention sera portée dans le dossier de votre enfant et il ne pourra plus faire d'études supérieures ! Il sera catalogué pour la vie !

Ces jeunes, qui étaient donc fichus, avaient redoublé de ferveur, fait montre d'impertinence et tout rejeté en bloc, suivant les enseignements de leurs mentors. Comme si cela ne suffisait pas, ils avaient eu la malice de mettre la pression sur Ella Sergueïevna en l'accusant de leur avoir promis la salle informatique en septembre alors que la porte restait verrouillée. Toutes les interdictions qu'elle avait formulées pour les empêcher d'aller traîner dans ces vilaines manifestations avaient été contrecarrées sous couvert de la Constitution, inlassablement remise sur le tapis. Une élève de seconde particulièrement désinvolte avait même annoncé que personne ne lui retournait le cerveau, si ce n'étaient les enseignants et la directrice qui avaient recouvert les couloirs de l'école de louanges à l'endroit du gouverneur et de citations de hauts responsables de l'État. Une sale garce incontrôlable. C'était sûrement elle qui avait mis le mot sur son bureau.

— Vous êtes des marionnettes ! avait crié Ella Sergueïevna en surgissant dans la salle de classe accompagnée de ses acolytes – l'éducatrice et la responsable pédagogique – dans tous leurs états. Vous voulez la révolution ? Vous voulez que le sang coule ? Vous voulez que ça se passe comme en Ukraine ? Espèces de nullités, malappris, crétins ! Vous ne savez rien du tout, vous ne voyez pas plus loin que le bout de votre nez ! Si vous aviez vécu ce que nous avons vécu, dans les années quatre-vingt-dix, des années de misère à bouffer de la terre, vous feriez moins les malins !

Mais les élèves de terminale, gavés de propagande destructrice, attisés par les provocations qu'ils trouvaient sur cette Toile pleine de sales araignées, ce dépotoir, ne cessaient de s'indigner contre le vol, l'injustice, et les maigres kopecks que touchaient leurs parents.

— Et pourquoi nous avons si peu d'argent, vous le savez ? hurla l'éducatrice. Je vous écoute ! Montrez-moi toute l'étendue de vos connaissances ! Eh bien c'est parce que nous sommes soumis à un blocus économique ! Un blocus, vous entendez ? L'Europe nous prend à la gorge et l'Amérique sort ses griffes. Et pour quelle raison ? Répondez ! Parlez !

— Parce que nous avons enfreint..., répondaient les voix de toutes parts.

— Parce que nous sommes puissants ! barrit la responsable pédagogique. Parce qu'ils ont peur de nous !

Ses cheveux s'échappèrent de sa barrette et sa voix se cassa comme un moulin mécanique enrayé. Ella Sergueïevna savait que la responsable pédagogique, qui était célibataire, avait pris un amant en la personne du concierge, un homme jeune aux yeux noisette dont la femme et les trois enfants étaient restés en Asie centrale. Elle le gardait pour les plaisirs de la chair, comme on garde un tigre, et l'entretenait avec l'argent soutiré aux élèves. Ella Sergueïevna aussi avait besoin d'amour, ses hanches n'étaient pas complètement desséchées, elles étaient charnues et encore dignes de passion. Mais Liamzine s'enterrait sous la couette. Et quand il répondait à contrecœur aux demandes insistantes de son épouse, c'était uniquement au petit matin, lorsque la main puissante de sa femme trouvait à tâtons pour la serrer la petite bête sauvage dont la tête était dressée. Le ministre encore endormi lâchait prise et sans vraiment se rendre compte de ce qui se passait, les yeux pleins de sommeil, il grimpait sur son épouse dont le corps s'ouvrait à lui. Aujourd'hui Liamzine n'était plus là. Son bureau était vide. Sa collection d'armes à feu avait refroidi. Pendant ce temps, l'horrible sonnette, dehors, continuait son abominable vacarme...

Ella Sergueïevna fit claquer les verrous. Il fallait encore traverser la courette recouverte de carrelage rose et ouvrir le portillon. Des voix lui parvenaient depuis la rue. Les visages de la veille voltigeaient dans sa tête : mais qui donc... Ben voyons ! Un bouquet de la part de Marina Semionova ! En signe de réconciliation, la vipère lui adressait un panier de fleurs mortuaires – quarante roses bordeaux, des lys et des feuillages. Le fameux mot pouvait tout aussi bien avoir été mis sur son bureau sur ses ordres à elle. Quelle perfidie ! Que d'ingéniosité dans la bassesse ! Ella Sergueïevna demanda au concierge de jeter le bouquet à la poubelle, c'était bien normal. Elle avait l'impression que l'odeur qui s'en dégageait n'était pas celle des roses mais du dichlorvos, une odeur de poison et de pourriture. Le concierge, évidemment, l'avait revendu au coin de la rue. Mais que trouvait donc cette prédatrice de responsable pédagogique à ce type ? Peau mate, visage étriqué. Il était moche.

Lui apportait-on encore une gerbe, un mot ou une preuve d'empathie ? Elle se rendit compte qu'elle ne portait pas le deuil, que sa poitrine fourmillait de fleurs jaunes de style chinois. « Ils vont croire que je m'en fiche... » En signe de chagrin et de deuil, les Scythes, paraît-il, se coupaient un morceau d'oreille et s'enfonçaient des flèches dans la main gauche. Les Grecques anciennes se lacéraient le visage avec leurs ongles et se rasaient le crâne. Les aborigènes d'Australie, lorsqu'elles devenaient veuves, se brûlaient la poitrine avec des braises. Certaines Européennes de bonne condition, après la mort de leur mari, restaient au lit pendant six semaines sans aller au théâtre et n'écrivaient leurs lettres que sur du papier à liseré noir. Les veuves russes se vêtaient de noir pour le restant de leurs jours et s'enterraient vivantes dans des monastères. Les hindoues marchaient sur le feu et les Indonésiennes se coupaient les doigts...

Les doigts d'Ella Sergueïevna, dans leur intégrité, appuyèrent sur le bouton de déverrouillage de porte. Elle ouvrit le portillon et bondit immédiatement en arrière. Cinq types en civil faisaient irruption dans la cour avec force bruit ; le plus petit d'entre eux, moustachu, se présenta comme enquêteur et mit sous le nez d'Ella Sergueïevna la décision du tribunal et le mandat de perquisition. Ella

Sergueïevna poussa un « oh » très sonore et saisit sans raison apparente les lobes pendants de ses oreilles sur lesquels béaient des trous inoccupés. « Pourquoi..., gémit-elle, pour quelle raison... » Mais la voix du chef recouvrit la sienne et la coupa net : « Parce que », dit-il en souriant dans sa moustache. Puis il entra dans la maison comme si c'était chez lui.

5

Trois des gars étaient issus des services compétents, ils faisaient claquer leurs talons sur le parquet du rez-de-chaussée depuis plusieurs heures déjà, pendant que les deux témoins les suivaient à la traîne et regardaient avec de grands yeux l'intérieur luxueux des Liamzine.

— Quelle sorte d'oiseau vous avez là ? s'intéressa l'enquêteur en tapotant le grand paon en porcelaine de Sèvres avec la partie charnue de son gros doigt.

— Un oiseau de feu. Sans aucun trou, répondit la veuve en s'enfonçant dans le fauteuil en cuir du salon et se recroquevillant sous le fichu noir en laine qu'elle avait saisi sur la patère.

— On lui foutra rien dans le cul, ne vous inquiétez pas, dit l'un des trois types en se bidonnant.

Les témoins aux dos arrondis l'imitèrent ; mal à l'aise, ils s'étaient timidement déchaussés dans l'entrée ; Ella Sergueïevna observait désormais avec mépris leurs chaussettes usées et distendues. « Ils ont dû dénicher ces jean-foutre dans le village voisin. Y a de nouvelles sales têtes qui se sont installées, ce sont sûrement leurs chiens de garde », pensa-t-elle tout en se repliant sur elle-même.

Elle ne parvenait pas le moins du monde à comprendre

ce que lui voulaient ces enquêteurs. La peur panique qu'elle avait d'abord ressentie – «Et si soudain étaient mis au jour tous les faux de l'école? Et si soudain elle devait se séparer de ses enseignants-fantômes?» – commençait à disparaître; désormais elle avait simplement froid et trouvait le temps long. Tous les volumes de la bibliothèque à pieds courts, que personne n'avait lus, furent jetés au sol; comme des noix tombées d'un arbre, les reliures émirent un bruit sourd et les pages bruissèrent.

— Dites-moi donc, si Sopakhine est coupable, qu'ai-je à voir dans cette affaire? demanda pour la énième fois Ella Sergueïevna à l'enquêteur.

Sopakhine était son enseignant d'histoire. Il travaillait avec elle depuis quinze ans. C'était un homme prudent, qui ne courait pas après les augmentations, qui emmenait les enfants se balader en forêt ou près des lacs et préparait les meilleurs d'entre eux à gagner des médailles lors des compétitions municipales. Et voilà que cet homme était un criminel, un falsificateur de l'histoire. Les veines d'Ella Sergueïevna se gonflèrent d'indignation – comment ces personnes avaient pu oser la sortir du lit, elle, la veuve éplorée d'Andreï Ivanovitch Liamzine, et tout ça pour un pauvre petit enseignant de rien du tout?!

L'enquêteur à moustache était poli. Il se pencha vers la maîtresse de maison et, sur un ton à la fois insidieux et sympathique, déclara en martelant chacun de ses mots :

— Je vous le répète, Ella Sergueïevna, je suis désolé de cette visite si peu de temps après l'immense perte que vous subissez. Mais nous ne pouvons pas mettre l'affaire en attente. Votre enseignant est en état d'arrestation. Et, je le répète, vous êtes de mèche avec lui. Regardez, je vous en prie, votre signature est apposée là!

Avec une courtoise arrogance, il fit claquer le tas de documents sur les genoux d'Ella Sergueïevna. Le plan détaillé de la Semaine de l'histoire russe. Deux coauteurs – Sopakhine et elle, dont la signature était apposée sur chacun des documents ; la lettre « L », large et distendue comme un accordéoniste sous l'effet de l'alcool, pleine de bosses et de stries, était griffonnée partout.

— Tout ça, c'est l'œuvre de Sopakhine et de personne d'autre, nia Ella Sergueïevna en toute sincérité.

— Et pour cela, est-ce qu'il a reçu une double paie ? ajouta l'enquêteur en souriant.

Saloperie d'historien. Comment avait-il pu lui faire une crasse pareille ? Et elle n'avait pas été très maligne non plus. Elle n'avait pas vérifié, elle avait laissé faire. Tout en essuyant les gouttes de sueur qui perlaient sur sa glabelle, elle repensait à ces dix maudites années. En apparence, tout s'était bien passé. Dans le cadre du mois consacré à la défense, on avait organisé pour les masses des jeux qui avaient cartonné : « Les nouveaux martyrs de notre région », « La bataille de Stalingrad », ainsi qu'un concours de chansons patriotiques : « La mère patrie nous appelle ». *Artilleurs, Staline a donné l'ordre, artilleurs, la Patrie nous appelle*[1], chantée par les classes de cinquième et de quatrième pendant que les troisième et les seconde entonnaient : *Sur cette terre serait la paix, mais si le grand chef nous appelle pour une dernière querelle, oncle Vova, nous sommes avec toi !*... Les affiches proclamaient « Personne n'est oublié », les slogans exhortaient : « Debout ! Notre pays est immense ! » Les dames de la direction de l'enseignement avaient couvert Ella Sergueïevna de louanges. Mais à quel moment avait-on commis une erreur ?

1. Paroles extraites de la chanson *La marche des artilleurs*, 1943.

L'enquêteur, sans se départir de son sourire, s'assit confortablement à la table ronde des repas, sous le portrait de feu Liamzine ; il déplia ostensiblement ses jambes qui semblaient avoir gagné en longueur :

— Reprenons, Ella Sergueïevna. Nous sommes en possession d'un enregistrement vidéo de la Semaine de l'histoire russe. Lequel enregistrement nous a été fourni par un parent d'élève à qui nous l'avons demandé.

Ella Sergueïevna pensa à la salle dans laquelle les mères et les pères, plus grossiers les uns que les autres, venaient traîner leurs guêtres, et elle fronça les sourcils. Elle pensa aussi à leurs bras tendus telles des tiges lorsqu'ils tenaient leurs smartphones orientés comme des tournesols vers la scène sur laquelle se bousculait le troupeau de morveux coiffés du calot militaire. Danse des épillets fertiles, exposition de journaux sur les murs, concours de slogans sur la Victoire. Tout cela lui revint à l'esprit. Mais à quel moment de la fête y avait-il eu un raté ?

— Prenons par exemple la mise en scène des classes de première, « Les fascistes attaquant l'URSS », déclara distinctement, posément et mot pour mot l'enquêteur. Quelles sont les phrases que Sopakhine a prononcées en voix off, depuis les coulisses ?

— Quelles sont-elles ? demanda Ella Sergueïevna, inquiète, en se penchant en avant.

— « Après la signature par Molotov et Ribbentrop du pacte criminel et de son protocole secret de partage de l'Europe. » « Du pacte criminel », vous voyez ce que je veux dire ?

Ella Sergueïevna cligna bêtement des yeux, sans comprendre, tandis que dans le coin de ses cils collés, une petite plume frémit.

— Il voulait dire…, déclara-t-elle enfin, que ce pacte était une erreur.

— Comment ça, une erreur? dit l'enquêteur, reprenant son sérieux. Vous êtes aussi historienne, maintenant! Du même courant que Sopakhine.

— Pas du même courant, protesta Ella Sergueïevna, effrayée.

— Ce pacte nous a rendu les pays Baltes et la Bessarabie. Des territoires occupés par la Pologne. Et pour ce qui est du protocole secret, il n'y avait absolument aucun plan de partage de l'Europe. Nous voulions protéger la Pologne mais la Pologne s'est braquée, tout simplement, martela l'enquêteur pendant que ses deux adjoints ouvraient et fermaient les portes du bar en bois sculpté dans lequel se cachaient des bouteilles de Dalmore de quarante ans d'âge ornées de têtes de cerf argentées; à la vue de cet alcool de luxe, leurs visages rabougris se remplirent de curiosité. Vous comprenez ce que je veux dire?

— Oui, bien sûr, acquiesça Ella Sergueïevna. Mais je voudrais tout de même appeler un avocat.

— Cette question, il me semble, nous l'avons déjà réglée, dit-il en fronçant les sourcils. Pas d'appel pendant les perquisitions. La présence d'un avocat est facultative. Certes, il est en droit d'apparaître, mais seulement si on le lui demande. Et aucune demande n'a été faite.

— J'ai entendu dire…, commença Ella Sergueïevna en reprenant sa voix de directrice.

— Vous avez sûrement entendu beaucoup de choses, mais pas l'essentiel. (Il l'interrompit en faisant claquer ses ongles sur la table.) Une belle affaire criminelle touche votre école, que vous avez laissé faire, pour le moins… Par respect pour votre deuil, nous vous adressons pour le moment un simple avertissement. Par mesure de prévention. Mais je vous conseille, madame Liamzina, de venir nous rendre visite.

Il frotta l'une contre l'autre les extrémités de ses bottes brillantes sur lesquelles les faisceaux de lumière formés par la clarté inattendue du matin semblaient couler comme des jaunes d'œuf. Ses mains rugueuses pliaient les feuilles imprimées du dossier Sopakhine, qui craquetaient. Dehors, le jour se levait et sa lumière se répandait. La veuve d'Andreï Ivanovitch eut une envie irrépressible de jambon gras recouvert de beurre et saupoudré de bouts de fromage avec un peu de moutarde et de sauce tomate à l'oignon, le tout sur du pain de froment chaud. Et tant pis si ses hanches molles n'en faisaient qu'à leur tête et ressemblaient à de la pâte, débordaient et se gondolaient. Tant pis si les trous de la cellulite, sur son postérieur stéarique, s'assombrissaient et devenaient plus profonds. Tant pis si sa glycémie faisait un bond et que des plaques d'athérome s'accumulaient dans ses artères.

— Je suis une enseignante éminente, annonça-t-elle. J'ai été députée à l'assemblée régionale. Je punirai Sopakhine.

— Nous le punirons nous-mêmes, sourit l'enquêteur. Il est important pour nous de déterminer le rôle que vous avez joué dans cette affaire criminelle.

— Criminelle ? reprit Liamzina, comme si un mur épais était en train de se dresser entre les paroles qu'il prononçait et ce qu'elle comprenait, elle.

— Article 354, alinéa 1, partie 2, précisa l'un des collègues de l'enquêteur, arpentant le salon avec ses jambes fines. Diffusion publique de fausses informations sur les activités de l'URSS pendant la Seconde Guerre mondiale. Et dans le cadre de l'exercice de ses fonctions. Ce qui est puni d'une très lourde amende. Égale à la somme des salaires touchés par la personne coupable pendant une période pouvant aller jusqu'à trois ans.

— Ou bien par une privation de liberté ou des travaux obligatoires pendant une période pouvant aller jusqu'à cinq ans, dit l'enquêteur tandis que ses joues, de nouveau, s'empourpraient. Ou bien par une interdiction de travailler dans un secteur particulier pendant une période pouvant aller jusqu'à trois ans, dans le cas qui nous intéresse, l'enseignement. Et vous, en l'occurrence, êtes sa complice.

— Moi ?! trompeta Ella Sergueïevna. Je n'ai jamais… j'ai toujours…

Elle voulut se lever, mais le fauteuil semblait la maintenir dans ses entrailles de cuir. Une petite mouche s'installa dans le creux de son oreille et se mit à produire un son aigu et entêtant, à la manière d'une sirène. L'air se chargea de vapeur d'eau, comme dans un *bania*, la pièce se recouvrit de taches d'humidité, les contours des objets devinrent flous et leurs frontières s'estompèrent. L'un des trois gars se retrouva près d'elle et mit sous son nez un verre à pied rempli d'eau. C'était un verre à champagne en argent qu'il avait pris dans le vaisselier. Mais qu'ont-ils à farfouiller dans la vaisselle ? Que cherchent-ils ? Ella Sergueïevna avala bruyamment sa salive à plusieurs reprises et passa la langue sur ses lèvres muettes, qui lui semblèrent étrangères et méprisables.

— Et tout ça à cause de cette histoire de pacte ?…, dit-elle en soupirant.

Les bottes de l'enquêteur s'étaient cachées sous la table, planquées, dissimulées comme des bébés animaux dans un terrier forestier.

— Pas seulement à cause du pacte, se vexa l'enquêteur. Les enfants ont montré les Allemands morts de froid pendant la moitié du spectacle. En outre, dans votre représentation de la guerre, il y avait dix Russes pour deux Allemands. Et le froid, la tempête et le blizzard en permanence ! C'est de la matière synthétique que vous avez utilisée ou quoi d'autre ? Des confettis blancs ?

Là encore, Ella Sergueïevna ne comprenait pas. Elle restait silencieuse en attendant que cet homme, qui s'était si confortablement installé à sa table, lui donne des explications.

— Pas la peine de me regarder avec ces yeux de merlan frit, chère madame ! dit-il en perdant son sang-froid ; puis il se mit à parler vite, comme une bouilloire dont l'eau se met à bouillir. Les Allemands, selon vous, ont vaincu le blizzard et le grand froid, c'est bien ça ?

— Non, contesta Ella Sergueïevna au cas où, pendant que son châle cachait son menton qui exprimait une grande souffrance.

— C'est une distorsion de l'histoire, vous ne trouvez pas ? poursuivit-il sous l'emprise de la colère ; sa main effectuait des mouvements sur la surface lisse de la table, se recroquevillait, donnait des coups avec les têtes des phalanges puis se remettait debout, appuyée sur la pulpe des doigts, comme un Cosaque qui danserait le kazatchok. Qu'est-ce que vous et votre Sopakhine enseignez aux enfants qui vous sont confiés, à la jeune génération qui va venir nous remplacer ? Que les fascistes n'ont pas été vaincus grâce au grand peuple soviétique, grâce à l'armée, grâce à l'ingéniosité des maréchaux... mais par un pur hasard, du fait de la météo, du froid et des températures en dessous de zéro. Est-ce bien cela ?

— Pas du tout ! cria Ella Sergueïevna en reprenant son souffle.

— Pas du tout, pas du tout… Et pourtant l'expertise qui a été faite affirme le contraire.

— Quelle expertise ? gémit-elle pendant que l'un des participants à cette stupide perquisition faisait passer à l'enquêteur un dossier épais étranglé par des cordelettes que celui-ci s'escrima à défaire avant de sortir rapidement une feuille qui semblait importante, recouverte d'écritures, qu'il agita devant Ella Sergueïevna, médusée.

— Celle-là même ! dit-il de sa petite bouche moustachue. Et d'ailleurs parmi les signataires, on trouve un professeur d'université. Autre chose que votre Sopakhine. Voici ce qu'il a écrit en conclusion : « Le mois d'octobre 1941 connut effectivement des températures en dessous de zéro, ce qui ne fit qu'accélérer le déplacement des tanks fascistes qui trouvèrent là une excellente occasion de s'engager à travers champs. En été déjà, Joukov, le général des armées, avait mené près de la ville d'Ielnia une contre-offensive géniale qui avait obligé les Allemands à s'enliser sur le front de l'Est jusqu'à l'arrivée des grands froids… » Blablabla… Ah voilà. « L'échec de la Wehrmacht n'est pas dû à l'hiver russe mais à l'héroïsme des soldats soviétiques, à l'intelligence du commandement et à la bêtise des généraux de Hitler qui n'ont pas pensé à acheter des vêtements et des équipements de saison. En suggérant l'inverse à nos écoliers, l'équipe pédagogique de l'école s'est grossièrement opposée à la vérité historique, faisant fi des millions de victimes qu'a comptées son propre peuple… »

L'enquêteur s'arrêta là, remit soigneusement la feuille dans le dossier et regarda toutes les personnes de l'assistance d'un air victorieux. Ses deux collègues rayonnaient de satisfaction. L'un d'eux s'obstinait à garder le téléphone d'Ella Sergueïevna dans la main. Les deux témoins, qui se ressemblaient, ne comprenaient pas grand-chose à la personnalité de cette femme et commençaient à s'ennuyer, ils se grattaient et se dandinaient. L'ordinateur portable, tête baissée, dos gris, avait été installé bien en vue sur la méridienne afin d'être usurpé dès que possible et emporté allez savoir où. Il était tout neuf, ses gigaoctets n'étaient pas encore saturés, la veuve de Liamzine l'utilisait quatre fois par semaine pour appeler son fils qui se trouvait loin d'elle.

— Admettons que Sopakhine ait fauté, pourquoi pas. Je ne l'ai jamais apprécié, déclara Ella Sergueïevna tandis que les plis du cuir du fauteuil crissaient piteusement en dessous d'elle. Mais moi, moi, j'ai obtenu les meilleurs résultats de tout l'arrondissement, j'ai un bon taux de participation à chaque élection, j'ai les pourcentages qu'il faut, comme on me l'a demandé. Les autres ne savent pas s'y prendre avec les parents. Moi, je suis en poste depuis quinze ans ! J'ai été récompensée…

— Oui, oui, tout cela sera porté à votre décharge, dit l'enquêteur en écartant ses arguments. Parlez-nous plutôt de votre enseignant. Comment avez-vous pu laisser cet animal s'approcher des enfants ? Sachant que nos marmots sont déjà bien agités, qu'ils se baladent sur Internet, qu'ils écoutent les aboiements de ces ordures de saboteurs moscovites. Et voilà qu'ici, tout à coup, un enseignant, c'est-à-dire un protecteur et un guide censé les extraire des marécages, se met à nourrir la meute des traîtres. Et ils n'ont pas choisi n'importe qui, pas un privé, mais bien un fonctionnaire payé par l'État pour répandre de la merde autour de lui…

— Pour chier sur la patrie, ajouta un des membres du trio.

— Voilà, ça c'est bien dit, ajouta le moustachu en levant les sourcils.

Ella Sergueïevna observa ces sourcils broussailleux dont les poils grisonnants se dispersaient dans tous les sens ; elle comprit soudain que, dans son désespoir, elle venait de faire une gaffe monumentale. Mais pourquoi avait-elle laissé entrer ces bandits ? Pourquoi avait-elle laissé des étrangers pénétrer chez elle ? Alors que dans le coffre-fort ouvert de sa chambre des diamants brillaient et que le revolver ancien à broche qui était accroché dans le bureau d'Andreï Ivanovitch valait autant qu'un appartement en ville. Que disaient les papiers de cet enquêteur ? Comme une idiote, dans son demi-sommeil, elle n'avait pas pensé à regarder. Et si c'était une mise en scène, juste une manière de couvrir un cambriolage ? Elle était seule et eux, cinq. Ils avaient pris son téléphone portable. Et personne n'était là pour surveiller : la guérite près de la maison était vide car l'agent de sécurité avait demandé un congé sitôt les funérailles d'Andreï Ivanovitch terminées, sans proposer de remplaçant. Ella Sergueïevna avait baissé la garde, elle avait merdé. Et pour couronner le tout, Tania, l'employée de maison, était en congé ce jour-là.

L'histoire du porte-malheur caché dans le portrait de son mari lui revint à l'esprit. Et aussi celle du mot. Est-ce que c'était l'employée de maison qui avait placé cette menace sournoise sur son bureau ? « Tu vas avoir de la visite », promettait l'auteur anonyme ; il savait qu'une perquisition se préparait, il frottait ses mains moites, savourant à l'avance la faiblesse de Liamzina. Tania disait que son grand-neveu était commandant. Est-ce que cela voulait dire que…

L'enquêteur fourra de nouveau le nez dans des papiers pendant que ses compagnons s'éparpillaient aux quatre coins de la pièce comme des coléoptères effrayés. Sur le cadran accroché au-dessus du bar, les aiguilles avaient été arrêtées à trois heures et demie, la veille; Ella Sergueïevna ne savait plus quelle heure il était ni depuis combien de temps les visiteurs se déplaçaient d'une pièce à l'autre ni ce qu'ils cherchaient. Tout portait à croire que le trio non plus n'avait pas une idée très précise de ce qui pouvait constituer les pièces à conviction, et ils retournaient tout ce qui leur tombait sous la main.

Le moustachu secoua le dossier dont les pages s'éparpillèrent et se répandirent comme celles d'un millefeuille. Ella Sergueïevna rêvait désormais d'être seule et de reprendre ses esprits. Ses entrailles se mirent à pousser des gémissements et des râles, comme celles d'un pauvre chien errant. Le moustachu continuait à disserter sur cette maudite Semaine de l'histoire russe.

— Mettre en scène dix soldats soviétiques contre un seul Fritz, c'est inacceptable. Vous êtes d'accord?

— Quoi donc? redemanda Ella Sergueïevna.

— Répondez!

— Je ne répondrai qu'en présence de mon avocat, dit la veuve qui lui riva son clou d'un ton aigre, comme si elle souffrait d'une douleur dentaire.

L'enquêteur échangea d'abord quelques regards avec ses collègues puis il prit une pose narquoise :

— La belle affaire! En présence de son avocat. Vous allez devoir travailler dur, vous et votre avocat, pour nous expliquer tout ce bazar.

— La force des soldats soviétiques, c'est leur nombre, lâcha Ella Sergueïevna. Les chars avancent en losange. Ils ont la vérité pour eux. C'est de ça que nous parlons. De l'avantage.

— Ah! Votre propos, c'est l'avantage! dit l'enquêteur d'une voix traînante et sarcastique. Pourtant, les choses revêtent une tout autre allure. Comme si nous, les Russes, avions simplement bloqué l'ennemi sous des monceaux de cadavres. Et transformé allègrement nos soldats en chair à canon. C'est bien ça, le sale mensonge que répandent nos ennemis. Et vous, camarades pédagogues, êtes allés le récupérer. Maintenant, Ella Sergueïevna, je m'inquiète sérieusement pour vos élèves. À l'issue de ces Semaines de l'histoire russe sabotées, excusez-moi, quelle vision vont-ils avoir de leur patrie ? Comment pourront-ils être fiers de leurs grands-pères, de leur pays ? C'est comme ça qu'on se retrouve avec des gens qui twerkent devant la flamme éternelle.

— Quoi ? murmura Ella Sergueïevna, laissant se réveiller en elle une colère de jeunesse. Pourquoi vous en prenez-vous à moi ? Que me voulez-vous ? Allez torturer cet imbécile de Sopakhine, moi je suis une femme de mérite... Qui vous a monté contre moi ?

— Mais qu'est-ce que vous racontez ! Personne ne nous a montés contre vous, s'exclama le moustachu en se levant et en tendant la main vers elle – tel un demi-dieu sur la fresque de la Nativité –, je fais simplement appel à vos connaissances en matière de citoyenneté. Dix contre un, comprenez-moi bien, c'est du mythe, de la calomnie. Dites-moi donc combien d'âmes nous avons perdues lors de la Grande Guerre patriotique ?

— Je me sens fatiguée, répondit Ella Sergueïevna. Je ne suis pas une étudiante à qui on fait passer un examen.

— Et quand bien même. (Le moustachu fronça les sourcils et hocha la tête vers les témoins.) Vous, messieurs, répondez ! D'après vous, quelles ont été les pertes de l'Union soviétique pendant la Grande Guerre ?

Les autres sourirent timidement.

— Vingt millions ? suggéra l'un en faisant claquer ses talons sur le parquet.

— Voilà ! lança triomphalement le moustachu en levant son index. Vous entendez ? Ce sont sans doute vos élèves, ceux-là aussi ! Qui parle de vingt millions, qui de trente, qui de quarante. Ils croient à la propagande antisoviétique, vous comprenez ? C'est du délire, du délire total !

Il bondit et se mit à arpenter la pièce. Depuis le tableau, Andreï Ivanovitch surveillait avec attention ses trajets. Le paon avait ouvert le bec, dans son étonnement, et les observait aussi, d'en haut. À côté de lui, un hibou en porcelaine bigarré se faisait tout petit.

— Ne restons pas dans l'ignorance. Annoncer tout haut des chiffres aussi énormes, ce n'est pas seulement de l'ignorance, c'est un crime, mes amis, déclara l'enquêteur pendant que le témoin qui avait gaffé roulait les yeux d'un air coupable et que ses sourcils sautillaient – hip, hop. Ce n'est pas ça, le vrai chiffre, bande de malappris, ce n'est pas ça ! Huit millions et des poussières ! Y compris les blessés, les malades, les accidentés, les disparus et les fusillés sur ordre du tribunal. Eh oui ! Un point c'est tout.

Épuisé, il s'effondra sur le canapé, près de l'ordinateur confisqué qui fit un petit bond, comme un chien effrayé. Ella Sergueïevna avala bruyamment sa salive brûlante. Bizarrement, elle enroula son poing dans l'extrémité de son châle et demanda d'une voix maladive et détachée :

— Dites-moi honnêtement qui m'a dénoncée.

— Pas dénoncée, mais signalée, répondit l'un des membres du trio. Des plaintes nous sont adressées depuis longtemps. Des plaintes anonymes.

— Bien entendu, conformément à la loi fédérale 59 « sur les recours disponibles », nous ne tenons pas compte des lettres anonymes. Mais ici c'est une exception. On nous a dit que non seulement vous laissiez faire des falsifications au sein de votre école, mais que… (alors qu'il s'apprêtait à parler, l'enquêteur fut soudain pris d'une honte qui le fit hésiter)… que vous préméditiez un meurtre.

À ces mots, un silence envahit le salon ; seuls les rayons du soleil furetaient sur les vitres, repérant à tâtons le chemin vers la maison.

6

Lenotchka émet des champs de torsion et ces champs tournent vers la droite. C'est pour cela que tout le monde apprécie la proximité de Lenotchka. Elle se déplace autour du centre de notre galaxie à la vitesse de huit cent vingt-huit mille kilomètres à l'heure. C'est en elle que l'éther de la création est généré. Spirales et tourbillons se forment dans la fente en forme de serrure de sa pupille. « Colobome de l'iris, disent les médecins avant d'ajouter avec poésie : l'œil du chat. » La lumière du soleil aveugle Lenotchka, le monde se trouble dans ses yeux. Elle porte des lentilles sombres et des verres teintés. Ses cheveux blonds lui arrivent sous les épaules. Lenotchka rêvait d'être rousse, mais feu son boss Andreï Ivanovitch lui avait dit un jour, sous l'effet de l'alcool : « Toutes les rousses sont des prostituées. » Elle l'avait cru et n'avait plus coloré ses cheveux.

L'été, Lenotchka ne porte pas de sous-vêtements. Elle recueille, elle absorbe l'énergie de la Terre dont les forces féminines, pas après pas, pénètrent en elle par les chakras du bas. Le chakra svadhisthana s'ouvre dans la région de la matrice, lieu de la passion ardente. Le chakra anahata bat tout près du cœur, c'est l'amour noble. Le chakra vishuddha envoie des impulsions dans sa gorge, c'est l'enthousiasme et l'inspiration.

Lenotchka avait eu une liaison avec un homme, une fois, une liaison brève et passagère – elle n'avait pas réussi à le garder. Elle avait besoin de pratique. Chaque jour elle s'acquitte des tâches que lui confient les professionnels du coin et les professeurs de passage. Ils lui expliquent comment s'épanouir. « Laissez votre question rejoindre l'Univers et l'Univers vous répondra », note-t-elle sur sa tablette en prenant soin de n'omettre aucun mot. Ces formations voient affluer des femmes célibataires – chemises à moitié dégrafées, lèvres de miel au souffle léger. Elles recueillent avec avidité les conseils prodigués par des formateurs qui se mettent en scène pour leur apprendre à draguer les hommes. Elles portent des jupes courtes et audacieuses et des bottes moulantes qui grimpent au-dessus du genou.

« Entraîner ses muscles intimes, cinq minutes le matin et cinq minutes le soir », note Lenotchka. « Écrire tous les jours à sa déesse intérieure. » « Pour qu'il vous aime, faites-le souffrir, touchez ses cheveux, présentez-lui votre cou dénudé. Pendant les cinq premières minutes, faites deux compliments. Déterminez si l'homme est visuel, kinesthésique ou auditif. Recueillez les bénéfices de chaque cadeau... » – ses doigts agiles notent tout. Des conseils mystérieux à n'en plus finir, des enjeux de taille, d'horribles exercices à faire à la maison. « Je suis sotte », annonce Lena aux inconnus dans la rue. Selon les consignes du formateur, ses pensées sont tournées à ce moment-là vers ses mamelons. Elle se libère. Sa biochimie est en train de changer. Les hommes la regardent en souriant, comme on regarde une folle, mais leurs yeux sont humides et leurs épaules décontractées. Les extrémités de leurs grosses bottes sont tournées vers elle, les pouces de leurs mains sont calés derrière leur ceinture – marques non verbales de leur intérêt. Lenotchka ajoute des signes « plus » sur son carnet, elle obtient des résultats. Sa personnalité se forme.

Tard le soir, après le travail, elle s'empresse de rejoindre une salle louée au sixième étage d'un institut de recherche à moitié désaffecté où l'air est irrespirable ; elle enfile un jogging et un foulard à sequins : elle vient pour apprendre la danse du ventre. Ses genoux percutent l'air à l'égyptienne, ses fesses maigrichonnes entrent en tremblement, ses épaules dessinent des vagues et ses hanches des huit.

— On engage tout le pied ! hurle la prof dont le ventre fluide en mouvement est couvert d'une couche de gras. Souples les genoux ! J'ai dit souples les genoux ! Ce sont les hanches qui travaillent. Et un ! Torsion ! Allez, allez ! En avant, en arrière, en avant, en arrière ! On maintient son axe vertical !

Les hanches obéissantes de Lenotchka vont de l'avant vers l'arrière, ses pieds montent en demi-pointes et sa frêle poitrine sautille discrètement dans la brassière à coques.

À la mort d'Andreï Ivanovitch, tout s'était effondré. Dans les couloirs du ministère, elle ne souriait plus aux hommes qu'elle croisait mais s'employait plutôt à exhiber ses dents, dans les règles de l'art, c'est-à-dire à montrer la rangée du haut, jamais celle du bas. La rangée du haut, c'est la jeunesse, celle du bas, la vieillesse. Elle pleurait. Et comme si cela ne suffisait pas, lorsqu'elle était assise à son poste de travail – le secrétariat de Liamzine –, elle chouinait bruyamment. Au début, elle avait essayé de se contenir, mais les agendas électroniques et autres gadgets venaient la titiller méchamment, comme pour lui rire au nez : « Quatorze heures ! Réunion AI chez le gouverneur. » Ses larmes alors se mettaient à couler, sans invitation. La réunion n'aura pas lieu. AI est mort.

Tolia, un de ses collègues – un homme maigre avec de longues jambes qui ressemblait à un criquet –, jeta un coup d'œil dans la pièce et ne put réprimer un sourire moqueur.

— La pauvrette a perdu son chef, lui dit-il d'un ton sarcastique. Lena, calme-toi, ça va aller !

Mais non, ça n'allait pas. Un bruit strident s'échappa de sa gorge comme si des dents en métal rouillé s'y livraient bataille. L'agenda de feu le ministre était plein pour un mois ; toutes ses obligations étaient notées sur des messageries, des logiciels, des calendriers électroniques. Réunions avec les groupes de travail, questions relatives à l'amélioration du rendement, assemblées d'agriculteurs, visites des fermes placées sous contrôle, préparation des comptes rendus de lutte contre l'inflation… Et aussi des annotations d'un autre caractère : réserver une table au restaurant de la nouvelle tour de bureaux – une table pour deux : déjeuner avec Marina Semionova, bien entendu. Faire livrer un bouquet de fleurs à la clinique de soins esthétiques Le Basilic – ça aussi, c'était pour Marina Semionova. Comme d'habitude. Des chrysanthèmes rouges, comme d'habitude, symboles d'un amour torride. Cette époque était désormais révolue, réduisant l'existence de Lenotchka à l'état de poussière et de néant.

Au ministère, l'agitation régnait. L'adjointe, Natalia Petrovna, avait été désignée pour reprendre les fonctions d'Andreï Ivanovitch ; tout de suite, elle avait pris de la hauteur et poussé vers l'avant sa poitrine de dirigeante. Désormais dépourvu des affaires du défunt – la montre-bracelet oubliée sur le bureau et la photo du fils dans le cadre en pin –, le cabinet du ministre offrait son corps austère à Natalia Petrovna, comme un patient nu allongé sur la table d'opération avant l'anesthésie, qu'on va ouvrir de long en large pour le débarrasser de ce qui ne lui sert plus, pour retirer les nodules et étirer les tissus, relier les vaisseaux et faire repartir l'organisme dans la bonne direction après avoir recousu les bords des plaies à vif avec des fils de vicryl.

Une fièvre alors commença à se répandre, celle des bruits de couloir. Comme le pityriasis rosé, elle passait d'un corps à un autre, d'une bouche à une oreille. Natalia Petrovna crevait de joie. Et c'est avec une allégresse un peu trop appuyée qu'elle s'empressa de dévisser la plaque polie qui portait le nom de son prédécesseur. La nouvelle plaque, jaune et étincelante, sur laquelle brillerait le nom de Natalia Petrovna et qui refléterait les visages dilués de ceux qui viendraient la voir, était déjà commandée. «Elle avait cherché à le discréditer», murmura Tolia à l'oreille de Lenotchka pendant que cette dernière, sceptique, scrutait l'énorme poitrine qui passait au fond du couloir.

Ce matin, tout le monde attendait la visite du prêtre. Le cabinet allait être béni. Un ange, le gardien du lieu, y serait installé. Ainsi, le sort qui avait frappé Andreï Ivanovitch ne pourrait être celui de Natalia Petrovna. Personne ne lui enverrait de lettres offensantes. Personne ne la tancerait au point de provoquer un arrêt cardiaque. Personne ne la balancerait dans une flaque pour qu'elle meure en s'étouffant dans la boue. Son cercueil en palissandre ne toucherait pas de montant de porte. Son fils ne porterait pas le deuil.

Lenotchka sécha ses larmes. Sur ses paupières, le crayon avait coulé et formait un motif en dentelle qui rappelait une meringue. Elle prit son miroir, essuya les coulures avec ses annulaires, puis se leva pour aller accueillir les gens. Dans le couloir, la procession avançait, menée par Natalia

Petrovna dont la veste, d'un bleu aussi vif qu'un matin chargé d'ozone, flamboyait ; son col était fermé à double tour par une broche de corail géante tandis que, dans la fente discrète de sa jupe, ses genoux chaloupaient. Derrière elle, le prêtre barbu était coiffé d'un kamilavkion haut et un épitrachelion doré et flamboyant était posé sur sa soutane noire. Les employés le talonnaient, impatients d'assister au rituel.

— Comment vont-ils procéder ? demanda Lenotchka à Tolia.

Ses collègues et elle étaient agglutinés à la réception. Natalia Petrovna et le prêtre entraient dans le cabinet pendant que les autres, hésitants, piétinaient.

— Comment ça, comment ? demanda sérieusement Tolia. Ils vont apporter une chignole et percer des petits trous. Et puis dans chaque trou ils vont emmurer une petite croix.

— Menteur, le coupa Lenotchka.

Elle savait qu'il racontait n'importe quoi. Le pope allait tout simplement réciter des prières, asperger les angles de la pièce d'eau bénite et recouvrir les murs d'huile sainte. Le crépi deviendrait tout brillant et répandrait une odeur d'église tandis que les meubles sentiraient la fumée de l'encensoir. Puis on allumerait un cierge et on signerait une fois chaque angle de la pièce et trois fois les miroirs et les photos. Ténèbres et diablotins, ainsi, feraient leurs bagages. Le portrait du chef de l'État, au-dessus de la table, clignait de l'œil en signe de miséricorde — « Vivez et multipliez-vous, semblait-il leur signifier. La Russie avance. Nos objectifs sont clairs, nos missions définies, comme disait Khrouchtchev. Notre armure est épaisse, nos obus sont rapides. Paix, travail, paradis. » Il souriait de son sourire incolore.

Lenotchka pensa à l'ex-femme de cet homme sur le

portrait, la *first lady*. Après leur divorce, l'ex-mari tout-puissant l'aurait donnée à un vaillant lieutenant-colonel deux fois plus jeune qu'elle, censément par amour. Mais aucun mariage ne s'était ensuivi, c'était juste un piège pour la surveiller éternellement. Partout où elle allait, le lieutenant-colonel était là. Le bruit courait qu'il avait une femme et des enfants de son côté, et que l'ex-*first lady* entrait uniquement dans le cadre d'une mission secrète qui lui avait été confiée. Un boulot comme un autre.

Du cabinet parvenait le ronron des prières. Le prêtre chantait ses récitatifs d'une voix qu'on appelle «voix veloutée». De la peluche de soie, l'étoffe des rois. Une voix sourde et tendre, comme une aile de papillon qui effleure. La prière berçait l'auditoire dont la moitié s'était déjà faufilée à l'intérieur du cabinet où l'on entendait tintinnabuler les chaînettes de l'encensoir. *Au nom du Père, du Fils, du Saint-Esprit, que l'aspersion de cette eau bénite écarte toute action hostile du démon.*

Lenotchka pensa à sa mère qui travaillait dans une crèche; là-bas aussi on récitait des prières le matin, au-dessus d'un récipient d'eau. Aucune bactérie coliforme, ni aucun staphylocoque, ni aucun vibrion cholérique ne résistaient à la puissance de la parole sainte. Les bactéries explosaient comme des pétards – s'il y en avait cent mille, il en restait mille. Dans cette eau que des mots avaient purgée, on préparait la pitance des enfants. Pendant qu'ils déjeunaient, la mère de Lenotchka passait entre les tables aux motifs de l'artisanat de Khokhloma – grappes de fraises énormes et oiseaux de couleur rouge dans les coins. Le fond des assiettes en faïence remplies de kacha claquait sur les tables. «Vous restez assis tant que vous n'avez pas terminé votre assiette!» commandait maman.

Le temps avait asséché et jauni ses mains. Lenotchka se rappelait leur lourdeur, elle se rappelait aussi les poings, durs comme la pierre, qui venaient frapper sa nuque d'enfant. Pour une soupe brûlée, pour une mauvaise note ou pour des collants salis, sa mère attrapait les cheveux fins de Lenotchka et, tordue par la douleur et la rage, elle cognait son front contre le mur, avec fureur et frénésie. Le front émettait des bruits sourds, toc-toc-toc, en morse – E-E-E ; le père, écrasé par la vodka qu'il venait de boire, se mettait à gueuler lorsqu'il entendait ce bruit depuis la pièce d'à côté. La fermeture définitive de l'entreprise secrète de chimie dans laquelle il travaillait avait eu raison de sa vie. Resté sans occupation ni ressources, il avait glissé dans le monde éthylique des saoulards et des garages. Ses chemises étaient imprégnées d'une odeur d'huile de vidange et d'ail mariné ; il rentrait chez lui en furie, complètement beurré, et se défoulait sur la mère dont les joues et les paupières se recouvraient de fleurs de lys écarlates.

Ces soirs-là, Lenotchka avait peur. Pour éviter les esclandres, elle se planquait sous la table de la cuisine d'où elle entendait froufrouter, sous le radiateur, les blattes allemandes. Une fois la fureur retombée, le père et la mère se réconciliaient dans le lit conjugal. Le lendemain matin, le père ronflait lourdement, son horrible main large pendait du clic-clac déplié. La mère cachait ses bleus avec une mèche de cheveu duveteuse avant de partir travailler comme si de rien n'était. Puis elle revenait le soir fatiguée, lessivée, les bras chargés de lourds paquets d'où s'échappaient de pitoyables germes de pommes de terre et du pain noir. Et Lenotchka était punie pour une nouvelle faute.

Avec le fer à repasser, la nigaude avait brûlé la robe de soirée de maman dont la matière synthétique s'était ratatinée et formait désormais un accordéon ; un petit trou en forme de triangle qui béait au niveau de la poitrine l'avait trahie. Quand elle était rentrée, sa mère l'avait fouettée avec le cordon du fer dont les lourdes broches étaient venues frapper ses tibias. « Pleure, mais pleure donc, espèce de saleté ! » criait-elle, furieuse que sa fille ne verse pas de larmes. De guerre lasse, elle avait mis fin au châtiment en lui assenant dans le ventre un coup de pied chaussé de sa pantoufle. Lenotchka avait gémi et s'était écrasée de tout son poids sur le sol. La mère avait filé chez la voisine. Ses semelles usées étaient rehaussées de talons en plastique ; ses pieds puaient la pauvreté. Ce n'est que lorsque la porte recouverte de similicuir s'était fermée derrière la mère que les larmes de Lenotchka avaient coulé.

Créateur et Auteur de la race humaine, Toi qui donnes la grâce spirituelle et accordes le salut éternel..., récitait le prêtre tandis que les narines des employés du ministère, desséchées par la poussière du papier, l'ennui de la fonction bureaucratique et la toxicité de l'encre, revenaient à la vie, frétillantes, aspirant les senteurs de l'encens. Le ver qui rongeait Lenotchka perdait de sa force, il agitait ses extrémités et relâchait son emprise. Elle se sentait mieux, se détendait ; son cœur, alors, comme s'il anticipait une joie confuse, se mit à battre plus fort. Soudain, pour répondre à ses attentes, la prière fut interrompue par le hurlement d'une femme. Un hurlement plaintif et aigu, immédiatement étouffé par une convulsion bruyante.

— Ça ne va pas ? demanda le prêtre.

Le silence d'abord se fit, puis des voix résonnèrent ici et là ; les rangs de l'auditoire s'agitaient. Natalia Petrovna partit vers la réception tel un ballon de baudruche aux couleurs tropicales qu'on aurait soudainement percé, puis elle traversa la masse des gens comme un œuf roulant sur l'herbe. Ses yeux étaient ouverts et pourtant elle ne voyait rien.

— Oh mon Dieu, murmurait-elle en brandissant son iPhone. Mon Dieu ! À tout le monde ! Ça a été envoyé à tout le monde ! À toutes les adresses électroniques du ministère...

— Que se passe-t-il, Natalia Petrovna ? demandaient ses subordonnés tandis qu'elle s'éloignait, téléphone en main.

Déjà on ne la voyait plus. Deux dames de l'intendance partirent la rejoindre au pas de course pendant que les autres se précipitaient sur le pope pour lui demander conseil. Certains, déjà, se lamentaient, d'autres gloussaient. Des visages ronds et souriants s'agglutinaient autour de Tolia. Les doigts tapotaient sur les écrans des téléphones, les bouches béaient d'étonnement.

— Qu'est-ce qui se passe ? demanda Lenotchka avec curiosité.

— Regarde ça ! dit Tolia tout excité en lui montrant la photo.

Le cliché était incroyable. Irrévérent, désinvolte, il outrepassait les règles de la décence. On y voyait une femme à l'allure dévergondée prendre la pose, jambes longues comme des échasses, assise sur un tabouret de bar. Cette femme, c'était Natalia Petrovna. Pas celle que tout le monde connaissait, non, une Natalia Petrovna en version déglinguée, genre fille de bordel. Un boa multicolore était jeté sur ses épaules, son corps replet façon brioche était saucissonné dans un corset en cuir d'où regorgeaient les deux opulents hémisphères de sa poitrine gélatineuse comme du *kissel*. Ses jambes grasses, qu'elle tenait écartées à la manière des gens du cirque, étaient gainées de bas résille, style filet à provisions, et les talons aiguilles acérés de ses escarpins relevés pointaient vers un endroit que la pudeur ne saurait nommer, à peine dissimulé par la dentelle d'une culotte noire. Entre ses lèvres couleur framboise, Natalia Petrovna tenait le pommeau d'un fouet. «Vingt coups de fouet – c'est la mort; un simple effleurement – c'est une chatouille», pensa Lenotchka. Son regard balaya les visages de ses collègues que l'excitation faisait tourner en rond autour de l'accueil. Tous tripotaient leurs smartphones en tapant successivement dans Google les mots «corset», «fouet», «BDSM», «honte», «compromettant». On avait enjoint au prêtre de partir, mais l'odeur épaisse de l'encens emplissait toujours l'atmosphère. On entendait des voix crier, sous le choc :

— C'est énorme! On se croirait au Moulin-Rouge!

— Mais qui a posté ça?

— C'est un montage? C'est Photoshop?

— Si c'était Photoshop, elle ne serait pas partie en courant! dit Tolia en riant. Ah! apparemment quelqu'un a envoyé cette photo à toutes les adresses officielles. Et l'a mise sur Internet. Va y avoir un sacré buzz!

Tolia se moquait de Natalia Petrovna. Et Natalia Petrovna avait Tolia dans le nez. Son poste au ministère ne tenait qu'à un fil. Tout ça pour une caresse sans retour, des baisers refusés, une demande insistante qui n'avait pas abouti. Natalia Petrovna se sentait seule et Tolia faisait des manières. Il lui aurait suffi de se laisser faire, se sacrifier. Mais Tolia se gaussait du désir des bonnes femmes et de la détresse féminine de sa cheffe. Il riait joyeusement, comme font les jeunes hommes. La menace d'un licenciement planait au-dessus de la tête de cet arrogant, qui serait tombé s'il ne s'était trouvé des protections haut placées. Un télégramme adressé à son nom fut envoyé par le Kremlin.

Directement de Moscou. Avec de grands remerciements pour sa participation au forum de la jeunesse consacré à la commémoration de la Victoire. Le télégramme avait été accroché au mur. Et Tolia était devenu intouchable.

La joie de Lenotchka avait soudainement disparu. Ses jambes et ses épaules furent prises d'un léger tremblement, ses joues rougirent comme si on les avait frottées avec de la neige. Elle empoigna son grand manteau mauve dans l'armoire et partit en courant. Les marches des escaliers étaient parsemées de taches blanches formées par des restes de coquilles antédiluviennes, désormais scellées pour l'éternité. La rampe était entaillée dans tous les sens. Près de la porte, un homme grand, jeune et beau l'apostropha. Ses cheveux, de la couleur des blés, jaillissaient de sa tête en deux épis. Il lui fit signe de la main en souriant tendrement comme on sourit au mois d'avril.

— Ah, s'effraya Lenotchka, c'est vous !

Elle reconnut l'un des enquêteurs qui s'étaient pointés au ministère le matin funeste où le chef avait disparu. L'épouse de Liamzine avait déclaré que son mari était parti la veille et qu'il n'était pas rentré depuis. Sa maîtresse, qu'elle l'avait attendu et attendu, en vain. On avait retrouvé son corps sur le bord de la route, noyé dans un caniveau saturé d'eau de pluie. Le cadavre avait gonflé. C'était ce qui se disait dans les couloirs du ministère. Mais comment les gens pouvaient-ils être au courant de tout ça ?

Ce jeune homme s'appelait Viktor. Il avait posé à Lenotchka des questions sur Andreï Ivanovitch et consigné ses paroles dans un procès-verbal avec un stylo argenté, genre vieille école : « Andreï Ivanovitch travaillait beaucoup ces derniers temps. Il s'inquiétait pour la région, pour le pays. Il craignait de déplaire au gouverneur. Lui-même était accablé par ses problèmes personnels. Il était partagé entre les deux femmes qu'il aimait et il recevait des lettres déplaisantes, mais il ne savait pas qui les lui envoyait… Non, il était bon vivant, je ne crois pas à un suicide. Le cœur ? Oui, il avait des problèmes… » Pourquoi est-ce que ce Viktor revenait ici ? Est-ce que le scandale autour de Natalia Petrovna avait déjà fait le tour de la ville ?

Non. Le jeune homme était venu pour autre chose. Il regarda Lenotchka avec des yeux de merlan frit et lui proposa d'aller boire un café. Une sensation de chaleur emplit sa poitrine, le chakra anahata entrouvrit son œil intérieur. Lenotchka répondit « oui ». Ensemble ils firent le tour du ministère – un bâtiment imposant posé sur des fondations en granit avec une façade décorée de balustres, qui avait été construit à la place de baraquements ouvriers qu'on avait cependant conservés et dispersés dans la ville comme des champignons vénéneux. Des laideurs faites de planches, sans eau chaude et avec des toits percés qui fuyaient. Derrière l'un de ces monstres élimés aux fenêtres garnies de misères plantées dans des pots, maisonnette à deux étages qui avait dû appartenir à une marchande d'avant la révolution, se cachait un miraculeux café. Derrière le comptoir, un taiseux à la barbe pommadée étalait sa magie de barista ; ça sentait l'arabica, et sur la mousse du café des visages étaient dessinés avec de la cannelle.

Viktor et Lenotchka s'assirent près de la fenêtre, leurs mains restaient accrochées aux tasses comme si elles risquaient de se sauver. La gêne les empêchait de se regarder.

— On peut se tutoyer ?

— Oui, autorisa Lenotchka.

— J'ai l'impression que tu es la seule à pleurer Liamzine. Même sa femme n'est pas aussi affligée que toi.

— Qu'est-ce que tu en sais ? s'indigna Lenotchka tout en rougissant de satisfaction.

— Je le sens… Tu sais ce que c'est, l'adronitis ?

— Quoi donc ?

— L'adronitis. La frustration du temps qu'il faut pour connaître quelqu'un.

— Ça t'arrive souvent, comme sensation ? demanda Lenotchka avec une écharde dans la voix.

— Je ressens davantage l'onisme.

— L'onanisme ? dit-elle en rigolant.

— L'onisme, la corrigea Viktor en reproduisant le petit sourire qu'elle avait posé sur le coin de sa bouche. La frustration de se trouver toujours dans un seul et même corps. Sans autre variante possible, comme dans les jeux vidéo par exemple. Et de ne se trouver qu'à un seul endroit à la fois, à un moment donné. Tout cela est injuste. Et désobligeant. Je regrette même un peu de ne pas être une particule élémentaire.

— Mais où tu vas chercher des mots pareils, j'hallucine ! Onisme… Jamais entendu, ricana Lenotchka. Et moi, je regrette de ne pas pouvoir retourner en arrière dans le temps. Peut-être aurait-on pu protéger Andreï Ivanovitch.

— Le protéger de qui ?

Viktor se pencha vers elle, ses mèches couleur de blé se détachèrent de son front haut et se balancèrent comme des pendules.

— De tout le monde, répondit Lenotchka. Tout le monde lui a fait du mal.

Le reflet des fenêtres se propageait sur les joues roses de Viktor dont le visage était tout près de celui de Lenotchka. Elle regardait ses lèvres aux contours incurvés – signe d'énergie débordante. La lèvre supérieure était plus épaisse que la lèvre inférieure – signe de flegme. Mais les deux étaient bien dessinées – signe de pragmatisme. Pareils à deux soleils de minuit, ses yeux bordés de magnifiques cils de soie regardaient Lenotchka avec passion et tristesse.

— J'ai peur, dit-elle. On a d'abord harcelé Andreï Ivanovitch avec des lettres anonymes. Et maintenant c'est au tour de l'adjointe, Natalia Petrovna. Aujourd'hui, on a envoyé une photo d'elle quasiment nue, comme une strip-teaseuse. Et la photo se balade sur les réseaux.

— Il faut faire une déposition, répondit Viktor, et chercher le coupable.

— Quand elle est partie, elle n'était pas bien du tout, elle en a même oublié le prêtre qui était en train de bénir le cabinet, ajouta Lenotchka avec malice. Elle n'était pas loin de la crise de nerfs.

Comme en réponse à ses mots, on entendit le hurlement lugubre d'une sirène. D'abord fluet et aigu, le son allait crescendo, puis il devint plus grave en s'éloignant, telle une basse mugissante. L'effet Doppler. Ils virent une ambulance passer à toute allure à côté du café. Lenotchka sentit des picotements dans son nez et au coin de ses yeux des larmes chaudes commencèrent à monter, pour la énième fois.

— J'ai tellement peur, avoua-t-elle à Viktor.

Il lui prit la main. La sienne était chaude et ferme.

— N'aie pas peur. Et appelle-moi si besoin. À n'importe quelle heure.

— D'accord, acquiesça-t-elle.

Elle pensait aux androgynes. Ces êtres ronds équipés de deux appareils génitaux, selon le mythe des Grecs anciens. Son professeur en avait parlé lors de la formation à la visualisation des désirs. Les androgynes possédaient quatre jambes, quatre oreilles et deux dos. Puis les dieux les avaient coupés en deux et Lenotchka avait désormais pour mission de rechercher sa moitié.

Dans le bloc-notes de Lenotchka était indiquée la coiffure qu'elle souhaiterait que sa moitié porte, ainsi que sa taille et son caractère. Sur le bureau de son ordinateur, on pouvait voir clignoter un photomontage avec une petite maison, deux cœurs percés de flèches et une liasse de dollars – des rêves jetés dans l'Univers. Viktor était un type bien. Sa main n'avait toujours pas lâché celle de Lenotchka. Est-ce que c'était lui, sa moitié ? Elle s'approcha soudain pour donner un baiser humide à ses lèvres râpeuses. La cuillère à thé, que son coude envoya par terre, claqua avant d'aller frapper le sol carrelé. Depuis le comptoir, le barista leur jeta un coup d'œil indolent en redressant sa barbe parfumée de sa main velue. À ce moment-là, la grosse machine à café se mit à ronronner paisiblement, d'un ronron convivial.

7

Les lumières du théâtre régional Gorki étaient allumées. Les spectateurs, une fois libérés de leur carapace en fourrure, en cachemire, en cuir, en plumes ou à membranes, se déplaçaient dans le hall recouvert de tapis rouges, et répandaient leur brillance. Le cristal Swarovski porté par les dames étincelait, et les cadrans des montres des hommes clignotaient, en alternance avec leurs crânes chauves. Tous se délectaient à l'avance du plaisir de se cultiver. Leurs postures et leurs démarches disaient : « Nous sommes sensibles à la beauté, c'est pour cela que nous sommes venus pour la première. L'art est une source de plaisir dont nous allons profiter. »

Sur les lustres du plafond, le tintement des multiples rangées de perles en cristal était inaudible. Les dames aux formes rondes installées dans les cabines exiguës de la billetterie croquaient avec leurs dents en porcelaine des chocolats qui fondaient entre leurs doigts, après un séjour près des tasses de thé. Ces caissières avaient la langue extrêmement bien pendue et les commérages allaient bon train, du local de stockage aux loges, des loges au local de stockage, puis de la costumière à la maquilleuse et vice versa. L'acteur

Poloutchkine – qu'on avait chassé du théâtre la veille pour un post Facebook subversif et diffamant à l'endroit du directeur artistique – avait donné une interview à cette pourriture de Katouchkine, journaleux des réseaux sociaux, et il s'était plaint à volonté. Le ton commençait à monter, et avec lui le nombre de dénonciations à venir.

Qu'est-ce qui ne convenait pas à Poloutchkine ? Quelle mouche l'avait piqué ? La troupe bourdonnait comme une ruche qu'on aurait dérangée, tous les détails étaient passés en revue. Le directeur artistique s'appelait Tchachtchine. On répétait son nom à l'envi. Les loges étaient en pleine effervescence. Tout le monde tchatchait et tchatchait encore, Tchachtchine par-ci, Tchachtchine par-là… qui n'était pas du tout metteur en scène mais plutôt imposteur, ancien des jeunesses communistes – c'était ce que Poloutchkine s'employait à bramer sur le site Internet de *La Sirène*. Le jeune membre du Komsomol contre le dramaturge raté, auteur de pièces mettant en scène la vie des peuples de l'Oural. Sa plus grande création : *Une tente en peau de cerf*. Joué dans une seule ville. En Sibérie.

D'après Poloutchkine, depuis que Tchachtchine dirigeait ce théâtre, il avait réussi à tuer dans l'œuf toute forme de fraîcheur et d'enthousiasme. Les fontaines de la création avaient tari, les affiches avaient perdu de leur éclat. Les spectateurs venaient sans entrain, indolents, indifférents à la catharsis ; ils auraient d'ailleurs préféré rester chez eux à traîner, manger des graines de tournesol et écouter des bouffons furax se hurler dessus dans le poste de télé. Les jours de fête, des cars venaient les chercher à la sortie des bureaux, dans les administrations et les entreprises, pour les amener au théâtre. Ils prenaient avec eux des bouteilles de *champanskoïe*, ce vin pétillant qu'ils sortaient une fois installés au parterre. Le vin de la comète jaillissait comme dans *Eugène Onéguine*, les ouvreurs râlaient. Des groupes d'écoliers – qu'on comptait au nombre de têtes – étaient également conduits au théâtre ; ils mangeaient des chips croustillantes dans des paquets en papier métallisé qu'ils froissaient à grand bruit avant de scroller sur leur téléphone avec des mains grasses. Lorsque la salle devenait obscure, on voyait les petits rectangles des écrans tactiles s'allumer en cachette.

À Katouchkine, Poloutchkine en avait dit des vertes et des pas mûres. Il avait réussi à salir le ministre régional de la Culture ; soi-disant que le ministre et Tchachtchine étaient amis depuis longtemps ; soi-disant que la fille du ministre occupait des fonctions obscures au sein du théâtre, que personne n'aurait su décrire ; soi-disant que pour les anniversaires du ministre, Tchachtchine faisait venir ses artistes et, tel un marionnettiste autoritaire, les forçait à se produire devant son ponte d'ami. Les artistes jouaient de petites scènes, chantaient, se chamaillaient. Une belle égérie portait un décolleté bien serré et feignait de tomber dans les pommes en poussant un soupir savoureux ; le bas de sa jupe, alors, se retroussait, découvrant ses jambes magnifiques. Un clown, ensuite, parodiait les Américains en ouvrant grand la bouche, un équilibriste marchait sur les mains puis effectuait un saut périlleux, un vilain laissait échapper une grimace expressive et baladait ses sourcils hirsutes dans les replis de son front, une bouffonne jouait la cougar amoureuse et se frottait contre les jeunes en poussant d'abominables ricanements. Le ministre de la Culture riait. Ses grosses joues ne cessaient de s'agiter pendant que le gras de son double menton tremblotait de joie. Puis il prenait Tchachtchine dans ses bras pour le remercier, le théâtre recevait ses subventions et on dansait autour du buffet.

Poloutchkine avait débité tout un tas d'autres choses, par exemple que le précédent directeur, un type génial, aurait été évincé du théâtre et chassé à la suite de cafardages, parce qu'il n'avait cessé de répéter les mêmes erreurs.

La première avait été sa pièce de théâtre contemporaine, une comédie de genre vaudeville. Le spectacle avait été mis en scène et une recette, enfin, avait pu être ramassée. La salle était en ébullition, des éloges exaltés fusaient de toutes parts, se transmettaient de bouche à oreille, comme chez les Tsiganes. Mais il y avait un hic : lors de l'une des premières représentations, des dames de la direction de l'enseignement étaient venues. Sur la scène, à grand renfort de cymbales, on entendait résonner blagues et quolibets dans une ambiance des plus burlesques. Pourtant les lèvres des fonctionnaires se tordaient dans tous les sens, signifiant la souffrance qu'elles éprouvaient. À l'occasion d'une dispute, au moment où la colère, sur scène, atteignait son paroxysme, l'une des héroïnes avait hurlé à l'autre :

— Dis donc, vieille bique, où tu vas aller maintenant ? À quoi tu vas servir ?

— N'importe où ! grogna la seconde. Je ne sais pas moi, donner des cours de secourisme dans nos écoles par exemple !

Les dames de la direction de l'enseignement restèrent bouche bée ; les mèches de leurs cheveux, jusque-là plaquées sur les tempes, se mirent à gigoter. Souillées par l'insolence de ce qu'elles avaient vu, elles rédigèrent un document qui exigeait de modifier le texte et d'en supprimer les répliques nauséabondes qui insultaient le programme scolaire.

La deuxième erreur ne tarda pas à être commise. Avec un spectacle mettant en scène un voyageur conquérant qui se retrouvait devant les peuples autochtones du Nord. Dans la salle était présent un retraité venu seul avec son billet. Arrivé en toute discrétion, le nez fin, il était reparti vexé, plein de colère, comme un ballon gonflé à l'hélium. Le spectacle comptait une scène dans laquelle le voyageur ensauvagé, déçu de devoir rentrer chez lui, utilisait une icône religieuse pour découper un poisson. La scène avait ébahi et choqué le vieux monsieur qui avait écrit une lettre au gouverneur, disant que la foi orthodoxe était bafouée; il exigeait que les coupables soient punis et le spectacle interdit. La mise en scène fut considérée comme un premier pas vers l'extrémisme. Le «cinglé», surnom que Poloutchkine avait donné au vieil homme, fut entendu, le spectacle retiré et le metteur en scène viré. Poloutchkine avait perdu le beau rôle.

Les acteurs, dont la moitié était de mèche, parlaient désormais de lui d'un air navré et condescendant. Pendant que Poloutchkine, balancé par-dessus bord, se débattait dans les eaux, eux se préparaient pour une première des plus grandioses. Pour faire plaisir à son ami le ministre, Tchachtchine avait écrit à la va-vite un grand drame épique qu'il avait lui-même mis en scène. On avait invité un chœur de Cosaques ainsi qu'un corps de ballet, et trois équipes avaient été affectées à la fabrication des costumes. Du cintre, on avait fait descendre une décoration géante qui scintillait – un soleil rouge, symbole de la Rus chrétienne. Le spectacle s'appelait *Le grand-prince*.

Alors que le volume de la troisième sonnerie augmentait lentement, comme un réveil pendant le sommeil, et que les lumières s'éteignaient, les spectateurs toussotaient en s'installant bruyamment dans les sièges en velours. Le parterre remuait tel un grand oiseau frétillant maître de son nid, les doigts comptaient les rangs et tripotaient les numéros des sièges, sur les dossiers. Les dames agitaient dans tous les sens les programmes qu'elles tenaient dans leurs mains nerveuses. Le rideau tremblait d'émotion mais restait encore immobile : on attendait le gouverneur. Un col blanc, enfin, vint se glisser dans la loge centrale, mettant en mouvement les figures complaisantes. Le gouverneur s'assit dans la pénombre de la loge pendant que son épouse, emballée dans une grande robe longue, se penchait en avant pour s'accouder au rebord et montrer aux plus curieux le lourd collier d'ambre qu'elle portait par-dessus son châle. Dans les loges voisines, les subordonnés et leurs femmes – toutes les strates du pouvoir local – étiraient leur cou loin devant pour lui faire un signe de la tête. Le ministre de la Culture, après avoir croisé le gouverneur dans le hall, se faufila joyeusement au premier rang du parterre, suivi par le projecteur d'une énorme caméra de télévision qui circulait dans la salle. Soudain le projecteur s'éteignit, l'opérateur saisit le trépied et se précipita, le dos courbé, dans le coin de l'avant-scène. Le rideau, dont les plis entraient en convulsions, fut levé.

De la scène parvint un grand bruit de fracas. Des cuillères en bois lâchèrent une bordée, des *gusli* et des *domri* se mirent à jouer, des crécelles et des grelots à cliqueter, des flûtes et des sifflets à striduler, des baguettes à taper sur des tambours ; puis des chevaux invisibles hennirent. Sur la scène, une figurante chantait et dansait, des chemises en toile brodées s'agitaient, des chaussons de paysan en cuir battaient le sol ; les serre-têtes étincelaient et sur la poitrine des hommes des médailles ciselées faisaient entendre leurs cliquetis. Au milieu de ce grabuge et de cette musique, on vit arriver de derrière les décors du fond, représentant forêts et forteresses, un Vladimir accompagné de ses voïévodes vêtus de cottes de mailles. L'arrivée du héros fut accueillie par les acclamations de la salle.

— Russes de la Rus ! cria le prince ; aussitôt, tous les bruits cessèrent, les cornemuses firent silence. J'ai pris Novgorod déjà et je me dirige maintenant vers Kiev, où se cache mon hargneux de frère, Iaropolk. Les troupes varègues m'accompagnent ! Nous allons détrôner Iaropolk. En chemin, je m'emparerai de Polotsk et donnerai une bonne leçon à Rogneda, sa fiancée. La misérable regrettera amèrement de m'avoir refusé ! Allons à Kiev ! cria le prince tandis que son visage poudré s'emplissait du jaune des projecteurs.

— À Kiev ! À Kiev ! hurla une figurante.

Dans la salle, les gens riaient et tapaient dans leurs mains. Des trompettes de cavalerie résonnèrent. Soudain, les bords de scène furent déplacés, les Russes de la Rus déferlèrent en ordre dispersé, les murs s'écartèrent puis se resserrèrent – en quelques instants de transformation théâtrale, Vladimir et sa suite se trouvèrent dans les salles du palais de Polotsk. Les voûtes s'arc-boutaient pendant que la lumière floue du soleil venait se pelotonner dans les dessins des vitres en verre de Moscou. Les va-t-en-guerre de Vladimir tenaient fermement le prince de Polotsk, sa femme et ses fils, avec une lance posée sur leur poitrine. Rogneda, la fille du prince de Polotsk, était sous l'emprise de Vladimir, allongée à ses pieds, son visage aux sourcils froncés exprimait de la peur mêlée à une colère féroce.

— Que m'as-tu dit, Rogneda, quand tu as refusé de venir avec moi ? demanda le prince.

— Je ne m'en souviens plus ! rugit Rogneda.

— « Je ne veux point déchausser un esclave[1] », voilà ce que tu m'as dit. Comme si je n'étais pas digne de toi. Comme

1. Parmi les rites rapportés aux Slaves anciens, l'épouse devait déchausser son mari en signe de respect. Vladimir Ier, fils de Sviatoslav Ier et d'une concubine, était considéré comme un bâtard.

si je sortais de ténèbres menaçantes et que je n'étais pas digne de posséder la Rus ! Regarde donc, prince de Polotsk, je vais posséder ta fille sur-le-champ et par la force ! Qu'ils regardent ! Qu'ils voient, avant de mourir, que tu vas devenir ma femme, d'autorité.

D'une main, Vladimir releva Rogneda et de l'autre, il arracha sa manche, tout d'un coup. Le bras de la jouvencelle s'en trouva dénudé, les domestiques se mirent à pleurer, leurs bouches bâillonnées émirent des geignements tandis que la scène, déjà, entrait en rotation et s'éloignait, emportant ce tableau de honteux sévices. De nouveau, une foule de gens vint se placer devant les spectateurs. Derrière étaient posées de hautes reliques païennes, des statues en bois représentant Péroun, Veles, Khors, Dajbog, Striborg et Mokoch.

La foule chantait :

Volodimir a régné sur Kiev,
Gloire au grand-prince !

Sur le grand et bel écran installé à l'arrière s'affichèrent, les unes à la suite des autres, des images : sang qui coule, troupeaux de chevaux qui galopent, braves preux qui brisent le dos de leurs ennemis, demoiselles courant cheveux au vent sur fond d'isbas en flammes. Soudain, au point culminant du chant, un coup de cloche retentit ; les statues s'effondrèrent, la foule s'écarta puis se dissipa ; on pouvait voir Vladimir, derrière, agenouillé ; la lumière fut éteinte sur les côtés et le prince se retrouva seul, éclairé par le faisceau d'un unique projecteur ; on entendit un léger carillon d'église, l'épouse byzantine de Vladimir, la tsarine Anna, se tenait pieusement en retrait, elle portait des vêtements couleur or. Le prince leva haut les mains et sur l'écran, comme si sa main en était à l'origine, apparut une petite croix qui commença à grossir pour occuper tout l'espace; de nouveau la scène fut entièrement éclairée, le peuple tomba à genoux et se mit à chanter en chœur :

— *Gloire à toi, saint grand-prince Vladimir, ta mémoire pour nous est sainte, prie pour nous le Christ notre Seigneur...*

Pendant ce chant processionnel solennel, quelques rangs se mirent soudain à remuer, des personnes regardaient autour d'elles. À peine avait-on remarqué que le gouverneur s'était mis debout pour écouter le chant que déjà, dans les loges mitoyennes, des hommes bien habillés se levaient d'un bond pour l'imiter, arrangeant leur veste; dans le parterre, le ministre de la Culture se dressa d'un seul élan. Alors que résonnaient des accords dignes des plus grands tsars, le rideau fut fermé. En un clin d'œil, les cent ampoules du lustre – de cent watts chacune – s'illuminèrent. L'entracte fut annoncé.

La salle bourdonnait, remuait, l'opérateur et la journaliste coururent installer leur caméra dans le foyer pour recueillir la parole du public. Le gouverneur et sa femme furent les premiers à être harponnés. Les visages des deux époux étaient chargés de solennité et de fierté, comme s'ils venaient de jouer eux-mêmes ce premier acte. Le gouverneur essuyait son visage rouge.

— Pour être franc, je ne suis pas un sentimental, dit-il en s'adressant à la caméra, et pourtant j'étais au bord des larmes. Tout cela, c'est notre histoire, ce sont nos valeurs. Ce pour quoi nos ancêtres ont combattu, pour nous. Notre mission à nous, c'est d'entretenir cette mémoire et de la transmettre aux générations futures. Pour qu'elles prennent exemple sur des figures telles que le grand-prince Vladimir.

C'est notre mission la plus importante… Malheureusement, des affaires urgentes m'attendent et je ne pourrai pas rester pour le deuxième acte. J'invite tous les habitants de notre région à venir au théâtre ; la culture, c'est la lumière, sans elle, nous restons dans la pénombre.

— Je ne peux que partager l'émotion de mon mari, enchaîna l'épouse lorsque le micro bondit vers elle. Une grande majesté se dégageait du spectacle, le jeu des acteurs était très fin, je reviendrai.

Dans leurs tenues d'apparat, les curieux qui voulaient passer aux infos du soir vinrent s'amasser dans le cadre tandis que derrière le gouverneur on voyait resplendir le grand sourire du ministre de la Culture qui faisait l'éloge de Tchachtchine. Des seaux entiers de flagornerie étaient déversés. Pendant ce temps, le directeur artistique en personne – accompagné des vénérables invités qui avaient sitôt rappliqué – s'installait dans le bureau de la directrice du théâtre, une femme alerte et active. Le *champanskoïe* coulait à flots, des bananes à chair crémeuse étaient coupées en petits morceaux. Ernest Pogodine, le peintre à l'origine des décors, trônait sur le divan, ses poings recouvraient le pommeau en os de sa canne et sur ses joues parfumées d'eau de Cologne se tortillaient des rouflaquettes.

— C'est monumental, entendait-on de tous côtés.

On faisait l'éloge de Tchachtchine, de Pogodine, des artistes et, bien évidemment, du ministre, qui avait approuvé la mise en scène et venait rejoindre le petit comité ; en baissant la voix, il rapporta l'enthousiasme du gouverneur qui avait dû filer vers ses affaires pressantes :

— Il ne s'attendait pas à autant ! Il était conquis ! Et trouvait que c'était du niveau de la capitale…

Des gestes aériens envahirent le bureau, les mains

voltigeaient, les langues clapaient joyeusement, les verres s'entrechoquaient. Lorsque Marina Semionova entra, accompagnée de son satellite Iliouchenko, les invités s'écartèrent. Semionova portait le deuil, un serre-tête noir à voilette était suspendu à son front, ses mains étaient couvertes de gants ajourés et ses lèvres étaient couleur rouge carmin. Tchachtchine se précipita sur elle, tomba à ses genoux, baisa sa main gantée ; quand Ernest Pogodine se leva pour l'embrasser, sa lourde canne se retrouva par terre et roula au sol. Pendant que tout le monde s'agitait, Iliouchenko attrapait un bout de gâteau dans un plat et le croquait ; des miettes s'accrochèrent à sa soutane.

— Merci, merci très chère d'être venue ! C'est très important pour nous, assura Tchachtchine à Semionova.

— Quelle tristesse qu'Andreï Ivanovitch ne soit pas avec nous aujourd'hui. Il aurait été tout à fait enthousiaste, j'en suis certain, suggéra le ministre de la Culture.

— Oh que oui ! répéta Ernest Pogodine en jouant avec sa canne qu'il avait récupérée et en arrangeant son gilet aux dorures flamboyantes. C'était un homme étonnant. Il avait vu mes esquisses et voulait même en acheter une, la campagne russe entourée d'un nimbe. Vous la verrez tout à la fin du spectacle.

— Au moment de la fanfare ! ajouta Tchachtchine.

— Et pour Natalia Petrovna... Vous êtes au courant ? lança soudainement la directrice du théâtre.

Les visages à l'affût se tournèrent vers elle avec curiosité et l'entourèrent comme les pétales d'une fleur. On parla moins fort, par bribes : « sa réputation est foutue », « dire qu'elle a des petits-enfants », « elle n'a pas fini de prier », « le poste va lui passer sous le nez »...

Marina Semionova les écoutait d'une oreille, elle n'était

pas d'humeur. Avant le début du spectacle, Stepan, le type de l'entreprise de construction, l'avait approchée sans préambule en marchant comme un gorille ; vêtu d'une queue-de-pie et d'un nœud papillon grotesque, il avait déblatéré des propos malvenus et inopportuns sur son collègue Nikolaï que la mort avait emporté, sur l'indigence de sa famille – ne fallait-il pas les aider financièrement ? Il lui semblait voir dans ses yeux une lueur malsaine, mauvaise, le souvenir de leur aventure sexuelle sous l'emprise de l'alcool. Allait-elle payer toute sa vie ses faiblesses de femme ? Elle se détourna et grommela quelques mots à part soi, dans son mouchoir. Iliouchenko arriva au bon moment pour l'obliger à se taire :

— Mais vous ne voyez pas que Marina Anatolievna est en deuil ! Vous voulez que j'appelle la sécurité ?

Sans doute qu'Iliouchenko ne disposait d'aucun service de sécurité, c'était du bluff. Stepan s'éloigna.

La première sonnerie retentit, les invités présents dans le bureau s'agitèrent et avalèrent leurs dernières gorgées de *champanskoïe* avant de sortir. Tchachtchine était visiblement nerveux, Ernest Pogodine se mordait les joues, angoissé de ce que les décors n'avaient pas recueilli suffisamment d'éloges, pour le moment. Il fallait attendre la deuxième partie, quand il en mettait plein la vue.

Dans la salle, personne n'était pressé de s'asseoir, le public tournait tranquillement en rond, s'employant à faire des selfies en prenant pour fond les loges brillant de mille feux dorés. Instagram fut envahi de l'esprit du théâtre ; différents hashtags firent vibrer les mondes virtuels : #grandprince, #jaimeletheatre, #christianisation... Marina Semionova, vêtue de noir, élancée, taille fine, avançait dans l'allée ; derrière elle, Iliouchenko se dandinait comme un pingouin, les manches de sa soutane s'agitaient comme des ailes.

Semionova prit la direction de la scène, sa voilette sautillait comme un nuage vaporeux, masquant ses grands yeux ; on ne voyait que la moitié de son visage et ses lèvres serrées couleur carmin dont les commissures paraissaient légèrement gonflées (biorevitalisation, correction des contours).

Derrière, on entendit du bruit et de l'agitation s'élever ; les placeuses se mirent à piailler et le public s'écarta ; des femmes ramassaient le bas de leur robe et reculaient. Soudain, tel un hippopotame surgissant d'entre les fauteuils de la corbeille, Ella Sergueïevna Liamzina se précipita dans l'allée. Sa tenue n'était pas celle des grands soirs : jupe banale et chemisier grignant sur la poitrine ; traces bleues sous les yeux – preuves de nuits sans sommeil ; ses cheveux mal coiffés avaient perdu le volume habituel des jours fastes et allaient dégoulinant, épousant humblement les contours de sa mâchoire. Sur son cou, signes de sa colère, des taches brunes étincelaient. Parmi les gens et les couleurs en mouvement, Ella Sergueïevna repéra tout de suite la silhouette de Marina Semionova ; dès lors ce fut son corps entier, ses jambes en action et son esprit qui se dirigèrent d'un bloc vers elle. Semionova se retourna et resta figée, les lèvres entrouvertes dans un mélange de dédain et d'embarras. En un instant, Liamzina se retrouva près d'elle, tout près d'elle. Iliouchenko se précipita pour écarter Ella Sergueïevna, mais celle-ci le poussa si bien que le pauvre bougre s'écroula dans les barricades de velours formées par les fauteuils.

— Te voilà donc ! cria Ella Sergueïevna lorsqu'elle eut atteint sa rivale.

Des insultes corrosives et ordurières furent lancées, accusations et obscénités éclatèrent à la face de la coquette. Sa voilette fut arrachée et ses cheveux châtains s'échappèrent dans tous les sens, pendant que, les bras tendus devant elle, Marina Semionova se protégeait.

— Espèce de garce ! Salope ! Elle a fait un rapport pour me salir ! Moi ! Disant que je voulais la tuer ! Toi, c'est toi et personne d'autre ! Pétasse, morue ! Tu voulais ma peau ! Et mettre la main sur Andreï Ivanovitch ! Que tu as envoyé au cimetière, pourriture ! Tu voulais son argent, saleté !...

Les mains d'Ella Sergueïevna agrippèrent les cheveux de Marina Semionova. Se tordant de douleur, celle-ci appela à l'aide :

— Retenez-la ! Retenez-la !

Pour se défendre, Marina Semionova griffa la joue de Liamzina qui se mit à saigner. Partout autour, des femmes criaient et on accourait à l'aide en se faufilant dans les allées étroites. Iliouchenko parvint à s'extirper du piège des fauteuils et poussa Liamzina en pressant ses hanches grasses ; son chemisier fin fut réduit en charpie, décousu, dénudant la bande de son soutien-gorge en lin. Tous – invités de marque, connaissances, inconnus – jouèrent des coudes pour s'approcher, prenant de grands airs, et séparer les combattantes ; le ministre de la Culture accourut et tint fermement et gentiment Ella Sergueïevna par le poignet, l'obligeant à lâcher son étreinte et à libérer Marina Semionova. Les deux ennemies furent séparées ; quelques cheveux châtains collants restèrent accrochés aux mains de la veuve. La troisième sonnerie retentit, les placeuses pestaient, quelqu'un apporta des calmants pris dans la pharmacie de la directrice du théâtre. Toute tremblante, Marina Semionova s'épousseta et arrangea les bretelles de sa robe. Par terre, Iliouchenko rampait à la recherche de la voilette qu'on retrouva aplatie et couverte de poussière ; le serre-tête était fichu. La directrice du théâtre accourut vers

Semionova, la prit dans ses bras et lui proposa de reprendre ses esprits en attendant le deuxième acte qu'on avait retardé.

— Ella Sergueïevna, nous comprenons à quel point la perte de votre époux peut être choquante, ainsi que les problèmes que vous rencontrez avec l'un de vos enseignants. Mais Marina Semionova n'a rien à voir là-dedans, déblatéra le ministre de la Culture en couvrant de sa veste Liamzina qui sanglotait. Pourquoi faire un scandale devant tout le monde, un soir de fête, un soir de première nationale...

— J'en ai rien à foutre ! hulula Ella Sergueïevna, prise de hoquet.

Elle s'effondra. La force animale qui avait bouillonné en elle s'échappa soudain et prit le large ; ses épaules, couvertes de cette veste qui ne lui appartenait pas, tombaient misérablement, un essuie-tout fut posé sur sa joue blessée.

— C'est elle, elle ! Et ils m'ont pris mon ordinateur... à cause de l'enseignant..., répétait Ella Sergueïevna.

On l'emmena et on lui proposa des comprimés pour calmer ses nerfs. Le brouhaha des curieux s'apaisa. Tout le monde se calmait, échangeant hypothèses et interjections.

— Encore heureux que les types de la télé soient partis avant pour faire le montage de leur reportage, baragouina l'assistant du ministre de la Culture en revenant dans la salle.

— Pas besoin d'eux pour faire des vidéos, rétorqua l'autre d'un air mécontent.

Caché dans les baignoires, Tchachtchine triturait avec inquiétude ses manchettes amidonnées :

— Ils ont foutu en l'air la première...

— Ne t'inquiète pas, le rassura Ernest Pogodine que le spectacle de cet esclandre avait rendu joyeux, ça va servir de réclame. Tu vas voir, toute la ville va venir.

Marina Semionova reprit sa place, fière et imperturbable. Ses cheveux étaient de nouveau attachés et maintenus par une pince, son nez repoudré. Plusieurs personnes, dans l'excitation, avaient quitté leur siège pour mieux la voir ; quelqu'un avait même applaudi. Iliouchenko souriait et caressait son amie au coude, comme pour l'encourager, l'invitant à compatir joyeusement à la perte de jugement totale de la veuve. Semionova acquiesça en arborant un triste sourire.

Dans la salle, les murmures et les toussotements finirent par diminuer, les placeuses fermèrent les lourdes portes recouvertes de dorures et tirèrent les épais rideaux. La lumière s'éteignit et le grand rideau, de nouveau, découvrit les entrailles lumineuses de la scène, sur laquelle un chœur cosaque chantait et dansait en brandissant le sabre :

Les saints veulent une Russie victorieuse,
Armées orthodoxes, répondez à l'appel !...

Autour des chanteurs, on voyait resplendir des coupoles arrondies ; au son des cloches faisaient écho les voix basses des Cosaques, depuis les coulisses. Dans le fond de la scène apparurent des gonfalons, des lances ainsi que des mitres dont les pierres précieuses scintillaient sur la tête des prêtres et des évêques – la procession avançait.

Rus, tu lèves haut la tête
Comme un soleil, ton reflet resplendit,
Mais tu es victime de l'infamie
De ceux qui t'ont vendue et trahie...

Tandis que les Cosaques chantaient, les bandes de leurs pantalons brillaient de mille couleurs, pareilles à des arcs-en-ciel, leurs chapeaux défilaient, les boucles d'oreilles dansotaient ; lentement, le chœur se disloqua, laissant passer une procession d'icônes ; puis le chant allègre prit fin et fut remplacé par le solennel *Kyrie*. Par-dessus les voix attristées de la prière, on entendait monter des profondeurs de la scène le bruit des sabots d'un vrai cheval ; titubant légèrement d'un côté et de l'autre à cause de la lumière et du bruit alentour, un destrier gris entra doucement en scène, monté par le grand-prince Vladimir portant sa riche couronne. Sur sa cotte de mailles était jetée une cape avec un col en fourrure de zibeline.

— Faites allégeance, braves gens ! Grandis, Rus orthodoxe ! s'exclama le souverain.

On entendit les acteurs pousser des « Hourra ! », les cieux s'empourprèrent. La salle, en écho, répondit par des applaudissements.

8

Lenotchka regardait la fenêtre mouillée qui, ce matin, était pleine de neige boueuse. Le vent claquait dans les montants, se faufilait partout et vidait les arbres des restes de feuilles. Le talon froid de Lenotchka effleura le mollet chaud de Viktor qui dormait enroulé dans la couette comme dans un cocon, la bouche grande ouverte comme un enfant. La grand-mère de Viktor avait vécu dans cette maison construite en partie en bois, comportant trois pièces et un grenier. À sa mort, l'esprit de la vieille dame était resté là, dans l'humidité, à côté des housses de couette en calicot, de la dentelle sur le poste de télé et des photos instantanées attaquées par la rouille sur les étagères. Dans le buffet, les vases en cristal continuaient à prendre la poussière tandis que sur l'armoire une sorte de culbuto orange regardait Lenotchka avec ses grands yeux en plastique.

Elle ressentit soudain une sensation étrange, de se trouver vivante, d'être humaine et de s'appeler Lena, et aussi d'être allongée là, maintenant, avec ce jeune enquêteur ; et que ce type l'ait amenée ici pour passer la nuit avec elle ; et que son boss ait été tué ; ou bien, selon la version officielle, était mort des suites d'une rupture de l'aorte. Récemment, on lui avait laissé entendre qu'elle n'avait plus rien à faire à l'accueil du bureau du ministre; à la place de Natalia Petrovna était nommé un économiste chauve au visage austère sillonné de rides et dépourvu de lèvres; il n'avait pas besoin d'assistante, il avait déjà son équipe.

Ses collègues l'évitaient, ils fourraient leur visage dans les dossiers ou se dérobaient à ses regards en étirant leur cou comme pour cracher par-dessus leur épaule et chasser le démon. Lenotchka était marquée au fer rouge, elle relevait de feu Liamzine. On allait la remplacer, l'envoyer aux oubliettes, la ficher dans un petit bureau au milieu des armoires bon marché de la fonction publique. Fini les bracelets et les foulards offerts par le boss, fini les petites primes en sus du salaire. Ses sous-vêtements allaient s'user, son vernis semi-permanent s'écailler, l'argent des *business lunches* et des karaokés tarir, son mascara allait sécher, ses bottines s'élimer. Elle pouvait dire adieu aux cours de danse du ventre et aux leçons de séduction. Elle serait désormais enlisée dans des journées banales et rentrerait chez elle pleine de lassitude, pénétrerait dans la cage d'escalier maculée de crachats de son immeuble de l'époque de Khrouchtchev, planté comme une protubérance au milieu des bicoques en bois.

Sans son voyage annuel en Turquie (hôtel quatre étoiles, tout compris), sa mère allait s'empâter et devenir odieuse. Elles allaient vivre désormais comme leurs voisins. Porter des vêtements abîmés donnés par l'Église tandis que la moitié du salaire partirait dans les charges. Il faudrait de nouveau trimballer des aliments achetés à bas prix sur les marchés de gros, ceux des potagers des autres. Il faudrait frotter les carottes sales et noires à cause de la terre, couper les têtes grises des choux blancs, les hacher, les faire mariner;

les bouts de ses doigts allaient peler, les armoires allaient gonfler comme des ballons, remplies de conserves d'ail ; la tablette et le manteau de fourrure partir au clou et la base de son nez s'enrichir d'une ou deux rides supplémentaires.

Lenotchka n'avait aucune envie de retomber dans cette spirale. À peine pensait-elle à l'arrêt de trolleybus de chez elle, enfoncé dans la boue, que ses yeux devenaient vitreux. Est-ce qu'elle allait vraiment, elle, Lenotchka, se mettre à compter comme tous les autres ses pièces jaunes pour s'acheter un ticket ? Est-ce qu'elle allait vraiment devoir poser sur ses paupières des compresses de thé au lieu d'une crème parfumée ? Et raccommoder ses collants ? Bien sûr que d'autres, en ville, vivaient encore moins bien qu'elle, dans des baraques sans gaz et sans toilettes, et pour eux c'était chaque jour la même chose – sortir pour aller faire ses besoins dans une cabine percée de fentes et équipée d'une porte sans poignée, défoncée et tordue, où l'on se retrouvait en suspension à vaciller dans une posture mi-assis mi-debout, tremblotant au-dessus du fétide orifice tout en guettant si personne n'arrivait, auquel cas on retenait la porte avec inquiétude, en se tenant prêt à crier : « C'est occupé ! C'est occupé ! » En hiver il fallait s'employer à ne pas glisser sur l'urine gelée répandue au sol ; en été se protéger avec la main des mouches vertes qui bourdonnaient et respirer dans sa manche en tentant de toutes ses forces de ne pas inhaler par inadvertance l'air vicié par l'odeur des matières fécales...

Lenotchka s'était habituée au confort, indubitablement. Elle était l'assistante d'un homme riche, elle avait récupéré les cartes de visite qu'il accumulait, elle sillonnait les routes accidentées en taxi, allait toujours au cinéma aux meilleurs horaires et aux meilleures places, et quand elle mangeait au restaurant avec ses amies, elle lançait négligemment sur la table un pourboire destiné au charmant serveur qui arborait une tache de naissance arrondie au-dessus de la lèvre. Est-ce qu'elle allait vraiment être pauvre désormais ? Est-ce que tout cela était vraiment perdu ?

Dans le lit, Viktor se retourna en marmonnant quelques mots incompréhensibles, les ressorts du matelas se mirent à grincer, rappelant les ardeurs de la nuit passée. Ils avaient déboulé à minuit, tout excités, légèrement ivres ; longtemps ils avaient tâtonné à la recherche de l'interrupteur tandis que les planches du parquet grinçant riaient et chantaient. Lenotchka se prenait pour une séductrice, elle tenait sa tête si haut qu'on voyait ses narines en forme de haricot ; elle reniflait à grand bruit en mâchouillant une fine mèche de cheveux qui laissait un arrière-goût de laine dans sa bouche. Viktor était brutal et rapide en besogne ; une fois son affaire terminée, il marchait dans la chambre de sa grand-mère en essuyant sa poitrine avec une serviette pendant que son pénis flasque et flapi se balançait.

Lenotchka ne se souvenait plus à quel moment elle s'était endormie. Elle s'était réveillée de bon matin avec une sensation grandissante de bouche sèche, acre et visqueuse. Sur la table de nuit, un verre à facettes contenant un reste d'eau minérale miroitait. La partie lisse du verre portait les traces pâles du rouge à lèvres qu'elle avait mis la veille. La capacité de ce verre lorsqu'il était rempli sous la partie lisse était de deux cents millilitres, et lorsqu'il était rempli jusqu'au bord, de deux cent cinquante millilitres. Dans les crèches, c'est dans ces verres qu'on apportait le kéfir de la cuisine ; la transparence devenue blanche se gonflait des bulles du lait caillé. Lenotchka se rua sur le verre et avala l'eau en deux gorgées. Sous son front, un petit haltère se mettait en mouvement. Ses pensées s'agitaient.

Tolia avait disparu pendant deux jours en expliquant dans un simple tweet que les services compétents l'avaient convoqué pour un entretien. À la suite de ce message, les followers et commentateurs s'étaient alarmés. Puis deux personnes habillées en civil étaient venues au ministère et avaient discuté avec les supérieurs de Tolia du service du développement. De cela, on parlait en baissant la voix, pendant les réunions.

Tolia avait déconné. En repostant l'ignominieuse photo de Natalia Petrovna sur sa page perso. Sauf que la photo avait été retouchée. Un montage complètement absurde avait été concocté. D'un côté, on voyait Natalia Petrovna en pèlerinage, l'année d'avant, dans un monastère du coin, s'approchant d'une source d'eau curative qui gargouillait et dont les jets abondants éclaboussaient ; entourée de moines, elle montrait aux journalistes réunis la bouteille qu'elle venait tout juste de remplir d'eau sainte ; sur sa tête, un foulard en triangle bleu clair se soulevait, pendant que sa main libre serrait une petite icône. Sur la droite, on avait collé la maudite photo du scandale : Natalia Petrovna vêtue d'un corset dans une posture sans queue ni tête ; de sa bouche pleine de vice jaillissait une énorme croix brillant de mille pierres précieuses, une croix à huit branches – avec en bas, oblique, la traverse soutenant les pieds du Christ et en haut celle portant son nom. « D'abord on porte la croix et après on la suce », assurait l'inscription.

— Mais sur ordre de qui a-t-il fait cela ? s'inquiétait-on à la réunion. De qui donc ?

— On lui a témoigné de la reconnaissance pour le travail qu'il a fourni lors du festival de la jeunesse..., précisa le chef du service. Il s'en sortira avec une amende.

— Comment ça ? Par rapport à l'article sur « l'offense aux sentiments » ? caquetaient les femmes.

— Oui, aux sentiments des croyants. Article 148, alinéa 1. Et je vous demande de ne pas réitérer les erreurs qu'il a commises. Le ministère redouble d'attention désormais. On a bientôt le gala sportif avec des invités qui vont venir de Moscou, peut-être même le...

La pomme d'Adam du chef de service se durcit. Sous sa veste en tweed italien, ses épaules se gonflaient d'assurance. Peut-être qu'il aurait la chance de pouvoir regarder cet invité du coin de l'œil. Toute la ville savourait par avance la prestigieuse visite. Le gouverneur courait de réunion en réunion. Le maire maudissait les services municipaux, proférait des injures, parcourait les infrastructures. Sur les lignes électriques que les averses avaient détériorées, on poursuivait les réparations, on se dépêchait de rafistoler la rue centrale en coinçant dans le sol des trappes d'égout et des caniveaux pour les eaux pluviales. Les citadins râlaient, disant qu'une fois les invités partis, les rues seraient de nouveau envahies de démineurs équipés de détecteurs de métaux qui viendraient libérer les trappes et les grilles insérées dans l'asphalte coulé à la va-vite.

Ils savaient bien qu'avant même que le « numéro un » n'ait pris place dans l'avion, les traînards auraient déjà été dispersés, les rues vidées, les banderoles publicitaires retirées des carrefours, les tas d'ordures débarrassés sur le bas-côté des routes, des dépanneuses tourneraient dans tous les sens, emportant les voitures les plus moches à la fourrière – pour qu'il ne reste que les plus belles, celles qui brillent et qui coûtent cher.

Que des gens vêtus de gilets orange nettoieraient à fond les poteaux en béton, redonneraient un coup de neuf aux marquages au sol, aux corps des bâtiments mourants, comme s'il s'agissait de créatures, et qu'ils dispatcheraient quelques filets verts pare-gravats par-ci par-là pour qu'on pense que des travaux étaient en cours. Les façades malades, humides et recouvertes d'efflorescence seraient bardées de plaques de couleur sur lesquelles on verrait danser des dessins de fenêtres et chanter de jolis volets, sur fond de rondins de bois.

L'invité visiterait le stade et les infrastructures sportives qui avaient enrichi l'insatiable Marina Semionova. Les fonctionnaires arboreraient des visages concentrés et graves, leurs lèvres se crisperaient pour répéter chacun des mots de l'invité. Et on aurait l'impression qu'il s'agit d'une prière. Contrôle des fruits d'un labeur effectué sans relâche. Attente des compliments et crainte des réprimandes.

Ils iraient, bien entendu, faire un tour rapide de la seule et unique entreprise industrielle encore en vie, Horizon, où naissent des chaudières à électrodes, des transformateurs d'alimentation, des filtres antiparasites et plus récemment, grâce à la main heureuse de feu Andreï Ivanovitch, des rectifieuses, cerises sur le gâteau. Les ouvriers seraient réunis, on débiterait quelques chiffres, l'invité promettrait d'augmenter les salaires les plus bas.

— La dynamique positive garde son rythme, remarquerait-il avec plaisir, l'économie se redresse. Le paroxysme de la crise est passé. Les réserves d'or augmentent.

Des rires nerveux, heureux, reconnaissants, fuseraient. On offrirait à l'invité un bleu de travail. L'un des ouvriers, un peu embarrassé, poserait une question préparée. Jusqu'à quand allons-nous supporter le souffle puant des monstres qui encerclent la Russie ? Est-ce que le temps n'est pas venu de lancer une riposte ?

— Si vous m'apportez votre soutien..., répondrait l'invité en souriant coquettement.

— Nous vous soutenons ! Vous n'avez qu'à demander ! s'égosilleraient les voix gaillardes des prolétaires.

Tout cela s'était déjà produit une fois. Les trappes avaient été soudées, de nouvelles bandes blanches rectangulaires barbouillées sur les passages piétons. En quelques jours, on avait livré de nouveaux ordinateurs à l'hôpital, le lino tout troué avait été dissimulé sous un tapis. Les médecins avaient été préparés à répondre aux questions sur les salaires, les patients cachés, tandis que les membres du personnel – qui avaient échangé leur tenue contre un pyjama – avaient pris place dans les chambres et s'étaient allongés dans les lits. Dans le parc du centre-ville, on s'était dépêché de réparer les bancs et de blanchir le tronc des arbres ; la nuit, des tracteurs avaient ronronné et réveillé les citadins, et des camions équipés de tuyaux haletants avaient apporté de la neige poudreuse toute propre.

Pendant une semaine, la ville s'était apprêtée pour briller le temps d'une journée avant de retomber dans la décrépitude. Après le départ de l'invité, les tapis prêtés à l'hôpital avaient été enroulés et les ordinateurs démontés. Sur les passages piétons, le marquage s'était effacé, les bancs s'étaient effondrés, les poubelles dégueulaient de nouveau des bouteilles de bière...

Lenotchka reposa la tête sur l'oreiller et ferma les yeux. Son rêve, c'était de croiser le regard de l'illustre invité à qui elle offrirait son sourire magique, celui des grandes occasions : d'abord, elle battrait très légèrement des cils, sans prétention aucune, puis elle baisserait les yeux en regardant sur le côté d'un air mystérieux avant de tirer à bout portant avec passion et ardeur. Oui, c'était bien ça, son idée, croiser son regard. Mettre un costume d'ouvrière et pénétrer dans l'usine. Se retrouver dans la foule des petites gens, au milieu du comité d'accueil. Il tomberait amoureux d'elle, c'est sûr.

— Qui êtes-vous? demanderait-il discrètement.

— Je m'appelle Lena, répondrait Lenotchka. Merci pour tout ce que vous faites. Si vous avez besoin d'une assistante...

— Justement, j'en ai besoin, répondrait-il bouleversé par son aura de femme épanouie. Mes assistantes sont des incapables. Venez au Kremlin avec moi.

Ils partiraient ensemble. Assise tout près de lui dans la voiture, elle sentirait la tension de ses muscles dans la pénombre des vitres teintées, la chaleur de son torse en acier trempé. Ils s'en iraient tous deux, laissant Marina Semionova verte de jalousie. Tolia, du coup, arrêterait de balancer des méchancetés, lui qui avait bien fait le malin lorsqu'il avait vu Lenotchka pleurer la mort d'Andreï Ivanovitch. «La pauvrette a perdu son chef»... C'en serait terminé de son arrogance, point barre.

— Qui l'a dénoncé? s'interrogeaient les collègues de Lenotchka, délibérant sur le cas Tolia. La photo a été repostée quarante fois et personne n'a eu de problème. Alors pourquoi tout le monde lui cherche des noises, à lui?

— Sûrement Natalia Petrovna, ricanèrent les autres. Elle ne pouvait pas le blairer. Il paraît qu'elle suit un traitement. Contre quoi, j'aimerais bien savoir.

— Contre la chaude-pisse, gloussa le jeune gars du service de presse.

— Pourquoi vous vous en prenez à elle, tout à coup? Avant, tout le monde lui léchait le cul et maintenant..., les rembarra Lenotchka.

Alors ils lui tombèrent dessus et la vilipendèrent.

— Toi, tu restes à traîner là mais tu n'es plus personne.

— Tu vas dégager, tu vas voir, espèce de malotrue !

Lenotchka ne demanda pas son reste. Sous le coup de l'offense, ses genoux s'étaient mis à trembler.

Allongée dans le lit de Viktor, elle ouvrait de nouveau les yeux et regardait son amant avec bonheur et triomphe.

La veille au soir ils étaient sortis dîner dans un restaurant géorgien. Dans l'assiette de Viktor, des raviolis farcis, les *khinkali*, laissaient s'échapper un bouillon de viande appétissant. Viktor saisissait directement les boules avec les doigts, et se brûlait. Les *khinkali* se dégonflaient et tombaient sur le côté comme des parachutes à l'atterrissage. Les pépins de tomates avaient fait jaunir la sauce *adjika*. Les flancs enfumés de la carafe de vodka transpiraient.

— Qu'il aille se faire foutre, ce Tolia, déclara Viktor. Faudrait sortir l'article 282, « incitation à la haine et à l'animosité... ».

D'un air rêveur, il posa les coudes sur la table et faillit atterrir dans la tache grasse laissée par le bouillon dégoulinant. Ses mèches de cheveux couleur des blés ceignaient son visage comme des épis.

— Ça serait pire ? s'intéressa Lenotchka.

— Les peines de prison sont plus longues, répondit Viktor. Et c'est le FSB qui s'en occupe, comme ça c'est plus drôle. C'est pour les extrémistes, les terroristes...

— Parce qu'ils sont dangereux ? demanda Lenotchka tout excitée.

— D'après toi ? (Pour finir les *khinkali*, Viktor aspira le bouillon de viande et ses joues se gonflèrent comme celles d'un trompettiste.) Ils en ont attrapé un il y a quelque temps. Il avait l'intention de déclencher une explosion dans le stade pendant le gala. Un anarchiste. Ils l'ont un peu secoué, l'autre a tout de suite écrit à Moscou, il s'est plaint aux avocats, aux journalistes. Genre enfant de chœur qui n'a rien vu, rien entendu, il dit que l'affaire est montée de toutes pièces. On l'a torturé avec un... comment ça s'appelle... un électrochoc de défense, directement sur les testicules. Tu imagines? Ils lui ont cassé toutes les dents, le pauvre bougre. Qu'est-ce que tu voulais qu'ils fassent? Ils allaient pas lui lécher le cul quand même.

Lenotchka éclata de rire.

— Et comment ils l'ont attrapé?

— Ils ont tout un réseau. Une cellule.

Tout en mâchant bruyamment, Viktor lui servit de la vodka. La carafe poussa le bouchon et s'inclina. Ils trinquèrent. Lenotchka retint son souffle en vidant le petit verre, puis expira d'un coup sec et piqua rapidement un cornichon mariné avec sa fourchette. Une grimace tordit son visage fin. Viktor aussi faisait la grimace, il coupa la boisson transparente avec du jus de pomme et ajouta :

— Ils ont suivi tous leurs échanges.

— C'est possible, ça?

— Sur le réseau social VKontakte? Bien sûr que c'est possible, acquiesça Viktor.

— Moi, je ne discute avec personne sur ce truc, assura Lenotchka sans raison spéciale. Je regarde juste des films.

— D'amour, j'imagine, ricana Viktor.

— Plutôt d'horreur.

— Alors viens travailler chez nous! se réjouit-il. Tu vas avoir ta dose!

— Qu'est-ce qui peut bien se passer chez vous..., dit Lenotchka en haussant les épaules. Une bagarre à coups de couteau entre mecs beurrés? Une factrice qui vole la retraite d'un vieux? Un homicide par accident domestique?

— Tu préfères les psychopathes ? ricana-t-il.

— Moi, j'aime l'inconnu, le mystérieux, avoua Lenotchka. Sa main tortillait une mèche de cheveux, ses lèvres cherchaient à séduire. Elle savait que Viktor l'étudiait, qu'il s'imaginait comment elle était quand elle ne portait pas de vêtements, et elle aimait ça.

— Tu es comme ça, alors ? poursuivit Viktor d'une voix qui sembla devenir plus grave. Moi aussi, j'ai eu cette période. On a tous des moments bizarres.

— Quel genre ?

— Par exemple, l'année dernière. Ils ont trouvé un type à sept kilomètres du cimetière, dans la forêt, la tête arrachée. Imagine, comme si quelque chose avait roulé dessus.

— Quelle horreur...

— Ses vêtements étaient tout déchirés. Il avait dû courir entre les chablis. Sur les branches, dans les buissons, partout on a trouvé des lambeaux de sa chemise.

— Qu'est-ce qui s'était passé ?

— À ce stade-là, personne ne savait. La veille de sa mort, le type s'était rendu sur la tombe de son beau-père, le soir. De son vivant, les deux s'entendaient bien, ils picolaient ensemble. Mais voilà, le beau-père avait calanché. Et le type a voulu lui rendre visite. Il a pris un quart de litre de vodka, des verres, de quoi grignoter pour faire passer et il est parti. On a trouvé sa moto près de la tombe. Et lui, apparemment, il avait fui quelque chose. Sept kilomètres dans la forêt.

— Mais quoi ? demanda Lenotchka d'une voix faible.

Viktor ne répondit pas. Il mâchait son pain caucasien sans parler. Son regard errait.

Lenotchka se servit un morceau de *khatchapouri* en découpant le bout pointu avec sa fourchette, ce qui fit couler l'épais fromage fondu.

— Tu sais, dit-elle sans attendre sa réponse, on dit que si tu appuies à un endroit précis, derrière l'oreille, tu ne ressens plus la faim. C'est pratique, non ? Dans le creux, derrière l'oreille, on a...

Les doigts de Lenotchka s'approchèrent de l'oreille de Viktor pour chercher le point miraculeux. Il saisit son bras et le porta à ses lèvres, puis l'embrassa au niveau du poignet en la mordillant légèrement. À l'intérieur d'elle, ce baiser se transforma en petits éclairs et coula dans ses reins en gouttes de lave. Elle était prête à se laisser aller et à offrir sa bouche, mais Viktor lâcha sa main et se remit à manger. Comme ceux des enfants, les muscles de son visage remuaient dans tous les sens.

— Cette histoire d'oreille, c'est une connerie, dit-il en mâchant. Ce qui marche vraiment pendant les interrogatoires, c'est quand tu joues. Les types de la police savent s'y prendre, les services spéciaux...

— Aux devinettes ?

— Non. Écoute. Tu chopes un gars, tu lui dis : Voilà comment ça va se passer, ton pote se trouve dans la pièce d'à côté. Tu les entends, les gémissements ? Soit tu avoues absolument tout, soit on t'emmène dans la forêt, on t'arrache les bras et les jambes et on te laisse là-bas. Avec les ours.

— Vous lui faites peur, quoi..., intervint Lenotchka.

— Tu crois pas si bien dire. Mais ça ne marche pas des masses. Il vaut mieux utiliser un électrochoc de défense. Ça laisse presque pas de traces, juste des petits points. Ou alors frapper dans les flancs avec quelque chose de lourd.

— Genre une batte ?

— Même avec une bouteille en plastique, ça marche. Côté droit. Il suffit de la remplir d'eau. Le connard se met à pisser du sang et ça laisse pas de traces.

Lenotchka se rappela la bouteille remplie d'eau bénite que Natalia Petrovna tenait dans les mains. Peut-être que la pauvresse se trouvait toujours dans ce monastère. Tsarine tombée en disgrâce. Lenotchka serait curieuse de savoir combien de kilos pèse ce genre de bouteille. Deux, trois ? Elle intervint :

— Notre voisin nous a raconté qu'à l'armée on l'avait frappé avec un savon glissé dans une chaussette. Et aussi avec un fer à repasser dans une botte en feutre. Ça non plus, ça laisse pas de traces.

— Le savon, c'est du pipi de chat, l'assura Viktor. Voilà comment il faut faire. D'abord tu attaches ta crevure avec une corde. Tu mets une serviette mouillée et puis tu frappes. En principe, ça fait pas de bleus. Un de mes potes, un flic, m'a raconté qu'une fois, justement dans le cadre de l'article 282, il avait percé le tympan d'un type. Avec un simple crayon.

Viktor se mit à rire, son plateau se coinça dans sa manche, la carafe se mit à sonner un carillon cristallin, comme si elle riait elle aussi.

— Il y a aussi la technique de l'éléphant, poursuivit Viktor, ça, c'est une bonne méthode. Tu mets un masque à gaz sur la tête du salopard...

— Et il ressemble vraiment à un éléphant, s'esclaffa Lenotchka.

— Oui, avec une trompe. Ensuite tu coupes l'arrivée d'oxygène et tu injectes du dichlorvos par exemple. Alors là, je te dis que ça, tu meurs de rire. Le salopiaud commence à vomir carrément à l'intérieur du truc...

— Berk ! l'interrompit Lenotchka. T'as assisté à ce genre de chose ?

— Je les ai vus attacher quelqu'un. Avec la technique de

l'enveloppe. Les jambes derrière, la tête en bas. Avec des câbles. J'ai participé à l'interrogatoire.

— Et ça fait mal ?

— Et comment ! Essaie de faire le grand écart sans échauffement. Les tendons sont au bord de la rupture et le suspect se met à hurler. Il signe tout ce que tu veux.

— Et les marques de câble ?

— On met une serviette, sourit Viktor. Tu fais quoi, t'enregistres sur un dictaphone ?

Éclairé par les plafonniers du restaurant géorgien, son visage s'emplit de tendresse, comme un soir de Noël. Il prit de nouveau sa main.

— Mais oui, bien sûr. Je suis moi-même attachée avec des câbles…, rétorqua-t-elle.

— C'est très sexuel, tout ça, dit-il en se léchant les babines.

Sa serviette grasse et chiffonnée tomba dans son assiette vide. Comme une grue en papier japonaise. Et si c'était vrai ? Si on en plie mille et que son vœu est exaucé…

De nouveau, le matelas s'agita. Viktor tourna vers Lena son visage jeune, abruti et légèrement gonflé par le sommeil.

— Tu ne dors pas ? dit-il d'une voix enrouée. Quelle heure il est ?

— Il est tôt, répondit Lenotchka, puis elle s'étira vers lui pour le prendre dans ses bras.

Il recula en fronçant les sourcils.

— Chaton, pas de mièvreries s'il te plaît. Le matin je suis d'une humeur de chien. Ne le prends pas mal.

Il sortit du lit, les jambes réchauffées par la couette matelassée, chercha ses pantoufles à tâtons, puis sortit de la chambre en traînant des pieds. Le duvet roux de son postérieur étroit reflétait la lumière. Il passa la porte sans se retourner. Puis elle entendit des bruits de crachat, au loin, et le halètement du robinet d'eau. Au bout de quelques efforts, celui-ci se mit à vociférer et à donner de petits à-coups, comme une lance à incendie. Une seconde plus tard parvenait un chuintement continu – l'eau enfin arrivait.

9

L'employée de maison des Liamzine, Tania, se retrouva coincée dans l'ascenseur. Les lumières s'éteignirent. Dans l'air vicié de la cage étroite planait la fumée d'une cigarette qui n'avait pas encore eu le temps de se dissiper. En dépit de la loi et des règles de civilité, quelqu'un avait fumé dans l'ascenseur et écrasé son mégot puant contre la vieille annonce collée sur le mur pour une durée indéterminée – Tania l'avait remarquée avant que les lumières ne s'éteignent. Cette annonce – apparue Dieu sait quand avant les énièmes élections locales ou fédérales – essayait de convaincre les résidents de venir voter, précisant que des produits alimentaires à bas prix seraient vendus sur place. Des œufs de poule à deux roubles pièce, du pain blanc à partir de cinq roubles, du poulet à quatre-vingt-dix roubles le kilo. Des gens de la commission électorale avaient tambouriné aux portes des appartements pour convaincre les électeurs de ne pas rester assis dans leurs canapés. Sans ouvrir, les habitants leur répondaient par des injures.

Pour Ella Sergueïevna, la patronne de Tania, la période était tendue. Était-ce une plaisanterie, ce taux de présence de cent pour cent à garantir pour le personnel des écoles?

Un conseil pédagogique fut réuni. Ceux qui s'y soustrayaient étaient menacés d'apparaître sur une liste noire avant d'être virés. Chacun avait pour obligation d'amener quatre personnes. On tenta de persuader les parents. Une détermination toute citoyenne emplit les narines d'Ella Sergueïevna.

Finalement, ardeur et frénésie furent au rendez-vous – le jour des élections, l'école transformée en bureau de vote bourdonnait comme une foire. Les électeurs étaient amassés dans le hall. Pour créer une ambiance de fête, on avait pendu au plafond des guirlandes rouges qui s'agitaient. Légumes, sucre, moufles en laine, balais en paille et salières en bois peint étaient vendus en promotion, installés sur des tables agrandies, devant les isoloirs d'où les gens émergeaient avec un air mystérieux. Sur le perron, un clown faisait des mimiques pour amuser les électeurs.

Contrairement aux habitudes, de nombreux bulletins furent déposés dans les urnes. Sous le regard attentif des dames de l'école – les cheveux montés en choucroute et les ongles peints en violet –, on apposait alors une coche sur la case correspondante. Ella Sergueïevna fut convoquée au comité du parti et décorée d'un insigne. Pour fêter cela, on dressa un buffet et on demanda à Tania, l'employée de maison, de cuire du saumon au four et de faire apporter le plat à l'école par le chauffeur, directement dans le bureau de la directrice. Tania était passée maîtresse dans l'art de préparer le saumon au four avec une sauce à la crème et au romarin.

Le soir, Ella Sergueïevna grommela d'abord dans sa barbe avant que ses sourcils tatoués ne se dressent de mécontentement, comme des arceaux :

— Comment as-tu pu me jouer un tel tour, Taniouchka ?

D'habitude, tu prépares le saumon à la perfection. J'en avais chanté les louanges à tout le monde. Les responsables de la direction de l'enseignement étaient venus avec une envie folle d'y goûter. Tout ça pour quoi ? Pour un plat dégueulasse !

— Ça n'était pas du tout dégueulasse, se vexa Tania. C'est dur de trouver du bon saumon en ce moment. Celui de Norvège est passé sous le coup des sanctions.

— Tu n'as trouvé que ça comme argument, les sanctions ? se hérissa Ella Sergueïevna. Ce n'est pas le produit le problème, c'est que tu es feignante ! Je vais me trouver un nouveau cuisinier, tu vas comprendre.

Comme un oiseau, Tania était désormais pelotonnée dans l'obscurité dont les bras effrayants l'étouffaient et tentaient de l'enfermer sur elle-même. Il faut soixante minutes aux yeux pour s'habituer à l'obscurité. Combien de temps avait passé ?

Son téléphone à touches ne captait pas. La recluse eut soudain une idée lumineuse : passer un appel d'urgence. Mais la lumière revint soudainement et Tania recouvra la vue. Ses doigts se mirent à parcourir le clavier illuminé du panneau avant de trouver le bouton rouge des appels. Sauf que l'opérateur ne rappelait pas, l'ascenseur restait dans sa position, il serrait ses lèvres en caoutchouc, on l'entendait se balancer dans le vide et faire résonner un câble invisible pendant que sous les pieds, les coques de graines de tournesol craquaient.

Tania jura, son poing alla cogner contre la porte en fer collante aux motifs bois couleur orange. Au loin, un chien se mit à aboyer. C'était le vieux doberman noir aux taches rousses qui dépérissait dans le studio des voisins du dessous. Ses insupportables gémissements dévastaient ses nuits depuis longtemps. Elle s'était traînée jusque chez eux, avait toqué à la porte, crié des insanités au doberman – qui était à ce moment-là en train de couiner derrière la porte ; des voisins étaient sortis sur le palier vêtus de peignoir, ce qui donnait l'impression de se trouver dans un hôpital. Une fois même, on avait appelé l'officier de police du quartier, mais celui-ci avait protesté :

— Écoutez, j'ai des affaires plus importantes à régler. Je n'ai pas le temps de m'occuper des chiens. Vous en avez ras la casquette, eh bien empoisonnez-le. Que voulez-vous que je fasse ? Donnez-lui du chocolat noir, dans trois jours il est mort.

Tania eut vent d'un moyen plus efficace. Elle acheta en pharmacie des comprimés pour tuberculeux qu'elle réduisit en poudre et mélangea à un médicament contre la nausée ; ensuite elle larda de ce poison une aromatique saucisse de Cracovie. Dans les entailles, la farce était rouge comme du sang. Le chien était condamné. Sauf qu'elle ne parvint pas à le piéger. La saucisse pourrit et partit à la poubelle.

— Je vous écoute, résonna soudainement la voix de l'opératrice.

Tania se mit à hurler :

— Allô ! Venez m'aider ! Je suis coincée, appelez un réparateur ! Voilà l'adresse...

— J'en ai rien à foutre ! la coupa soudain l'autre.

— De quoi ? fit Tania, prise de court.

— De quoi quoi ! Ça y est, c'est la panique ? Nos grands-pères ont survécu à la guerre et vous ne tenez pas une heure dans un ascenseur ? J'ai dix autres immeubles où l'ascenseur est bloqué.

Abasourdie, Tania contint sa colère.

— Mais comment osez-vous ? lâcha-t-elle enfin.

— J'ose. Prenez sur vous, et ne vous faites pas dessus. Vous êtes nombreux et moi je suis seule…

Tania bouillonnait de colère :

— Pour qui vous vous prenez ? Envoyez-moi un réparateur immédiatement !

— Au revoir ! la coupa l'autre, et elle raccrocha.

— Psychopathe ! hurla Tania. Tu vas me le payer !

L'espace d'une seconde, elle eut l'impression de perdre conscience : les parois crasseuses de l'ascenseur ondulaient, flottaient, le métal semblait du tissu. Dans ce balancement général, Tania vit apparaître le sourire insolent de son fils. Qui lui réclamait de l'argent. Le fils de Tania était toxico.

D'abord, c'étaient les décorations militaires du père qui avaient disparu de la maison. Ensuite la collection de cuillères en maillechort. Puis le fils avait été chassé et était tombé entre les griffes d'une femme antipathique, avec un long nez. Qui s'était présentée comme une chanteuse. Elle œuvrait dans le café de la direction des affaires intérieures. Son tour de chant démarrait par une déambulation en coiffe et costume traditionnels et terminait par un french cancan où elle se retrouvait vêtue d'un simple corset. Ses mains étaient affreusement maigres, on aurait pu jouer sur ses côtes avec un maillet, comme sur un xylophone. Elle gobait des comprimés d'amphétamines et ne dormait jamais.

Tania avait posé un ultimatum à son fils : Tu choisis entre ta mère et la drogue. Et elle ne l'avait plus vu pendant un an. Des gens racontaient qu'il avait trouvé du travail et réussissait plutôt bien. Qu'il portait de fines cravates noires. Ce travail harassant alternait avec des beuveries, certes, mais visiblement la réussite, au final, était là. Puis le fils était revenu, repentant. Il avait pleuré et juré de se corriger. Disait avoir quitté la chanteuse et en avoir fini avec le crystal et la poudre. Sauf qu'il cachait ses bras sous de longues manches pour ne pas montrer les plis violacés de ses coudes. Tania l'avait installé dans le canapé du salon car elle sous-louait déjà son ancienne chambre à une étudiante. Un matin, avant de partir travailler, elle avait caressé sa tête endormie. Sa chevelure s'était clairsemée et des boutons étaient apparus sur ses joues. Des sillons nasogéniens profonds encadraient sa bouche, ses épaules étaient osseuses, ses articulations ressortaient.

De retour du boulot, elle avait trouvé sa sous-locataire en pleurs. Le fils avait retourné toutes les armoires. Il avait tenté d'ouvrir la commode fermée à clé pour voir si elle contenait de l'argent et pour cela il l'avait attaquée à coups de marteau. Le tableau accroché dans le salon avait disparu. C'était une reproduction de la *Jeune fille aux pêches*. Sur le papier peint, il ne restait plus qu'un rectangle pâle.

Comment son fils avait-il pu se transformer en un horrible étranger? Tania essayait de ne pas y penser. Son existence même était devenue une plaie, un abcès. Lorsqu'elle croisait les anciens amis de son fils dans le quartier, elle détournait les yeux ou traversait la rue. Ses nuits se faisaient courtes et agitées. Elle y voyait son fils pris dans un tourbillon d'eau, implorant son secours. Elle passait près de lui en bateau, et il se noyait. Sa main tournoyait en spirale dans l'abîme. Alors Tania se réveillait, avec dans la gorge un cri de culpabilité.

Elle avait fait un rêve du même genre, quelque vingt ans plus tôt. Pendant qu'on sonnait le tocsin, des colonels en uniforme traînaient son fils de force. Ce rêve s'était répété. Le bureau de recrutement qui avait besoin de sang jeune à jeter dans le feu de la guerre avait sommé son fils de venir. Lorsqu'elle avait entendu le mot «Tchétchénie», ses jambes s'étaient dérobées sous elle. Elle avait réuni tout ce qu'elle possédait d'or, de chaînes, de boucles d'oreilles, tout ce qu'elle avait gagné sa vie durant, et avait versé le tout dans un petit sac qu'elle avait apporté à la commission militaire. Une fois l'offrande engloutie, le Moloch lui avait accordé la grâce. Un an et demi plus tard, il avait augmenté la pression. Le Moloch rugissait, exigeait un sacrifice. Il avait pris le fils en chasse. Et pouvait l'épingler lorsqu'il sortait de chez lui et le jeter dans le hachoir à viande exsangue. Tania fit des pieds et des mains pour le protéger. Elle lui interdit de sortir, même pour aller acheter du pain. Ils envisagèrent de simuler une tentative de suicide pour avoir un rapport de psychiatrie, mais lui craignait de subir un nettoyage des intestins.

— Ils vont me faire ça directement à la maison, avec un tube. Devant tout le monde, devant les voisins. C'est la honte pour le restant de mes jours...

Aussi décidèrent-ils d'en mettre plein la vue aux médecins avec des poèmes. Lors du rendez-vous, le fils déclara qu'il écrivait des vers. Le psychiatre lui demanda d'en lire un extrait. Le fils déclama un poème futuriste. Le psychiatre était impressionné. Le colosse laissa filer le jeune homme et ses pieds d'argile s'avancèrent vers la prochaine victime. Tania se souvenait d'avoir demandé à son garçon de s'allonger près d'elle. Elle avait passé la main dans ses cheveux, qui étaient encore volumineux et épais à cette époque. Et puis elle s'était endormie, gardant la mainmise sur sa progéniture – qu'ils n'aillent pas me le prendre...

La sensation de vertige ne la quittait pas. On entendait des voix masculines arriver d'en haut et de la ferraille cogner contre de la ferraille.

— Aidez-moi ! Je suis coincée ! criait l'employée de maison comme si elle venait de se réveiller.

— Du calme, pas d'hystérie ! lui hurla-t-on en réponse.

Le moment de la délivrance approchait. Une chose qui ressemblait à l'extrémité recourbée d'une barre de fer fut insérée entre les portes de l'ascenseur qui s'entrouvrirent d'abord d'un centimètre, puis entièrement, offrant au regard de Tania les bottes en caoutchouc sales et collantes du réparateur. À côté d'elles, Tania aperçut celles du voisin que la curiosité avait piqué.

— Ça va ? demanda-t-il, plein d'empathie. Ils ont coupé l'électricité et tous les ascenseurs sont arrêtés.

— Pile entre deux étages, cria le réparateur.

Les hommes tendirent la main à Tania, bandèrent leurs muscles et la hissèrent d'un seul coup. Le souffle court, elle essuya ses genoux salis :

— Bon sang ! J'ai failli crever là-dedans, vous entendez ? Et votre opératrice est une saligaude ! Je veux savoir tout de suite comment elle s'appelle !

Le voisin se mit à rire tandis que le réparateur, vexé, fronçait les sourcils :

— Voilà comment ça se passe. Tu sauves une personne et elle est prête à te tuer. La prochaine fois je viendrai pas.

Il prit ses outils et s'en alla. Son dos s'éloignait rapidement dans l'escalier.

— Je trouverai bien qui c'est et je porterai plainte, hurla Tania à sa suite.

Elle se mit à penser que l'arrogante opératrice, pour une raison qui lui échappait, était sûrement au courant, pour elle et son fils. Et que c'était à cause de ça qu'elle s'était moquée d'elle.

« Il faut conjurer le sort », pensa-t-elle. La veille, pendant qu'elle faisait la queue à la polyclinique en attendant d'être reçue par le médecin, elle avait discuté avec des bonnes femmes qui proposaient une recette. D'abord, il fallait se rendre à l'église et acheter un cierge. Avec la monnaie rendue, acheter du pain. Ensuite, couper le pain en petits morceaux avec un couteau acquis le neuvième jour du mois (il fallait donc attendre le jour en question pour aller à la quincaillerie). Puis ajouter de l'hostie de la Pâque coupée en morceaux, humidifier le tout avec de l'eau bénite, ajouter sept œufs et du sel du jeudi. Tania en avait, de ce sel magique, elle le conservait dans un sac en tissu. Le Jeudi saint, celui d'avant la Pâque, elle faisait cuire du gros sel et de la farine de seigle qu'elle touillait dans une poêle avec une cuillère en bois, tout en répétant : *Jeudi saint du Seigneur, protège-nous du mal et de la vermine.*

L'affaire était dans le sac, il ne restait qu'à mélanger tous les ingrédients, faire cuire des blinis épais et les donner au fils tout en répétant pendant qu'il mangeait : *Je marche et je me signe, je me bénis avec l'hostie, sous la protection du Jeudi saint, je me dissous avec le sel. Va-t'en, poison, sois dissous, ne reviens pas. Amen, amen, amen.*

Il n'y avait plus de temps à perdre. Tania en avait déjà suffisamment perdu. Elle retourna le plus vite possible à sa pressante affaire. En descendant, elle entendit une porte claquer derrière elle – de l'appartement voisin, elle vit apparaître et disparaître aussi sec la tête d'une demoiselle. C'était la fille de Nikolaï, qui était mort récemment. Avant, elle les détestait horriblement, lui et son arrogante fille. À cause de l'insolence de leur bien-être, de la suffisance de leurs gestes. Le visage de Nikolaï paraissait encore assez jeune mais son corps était mou, tout l'inverse d'un sportif. Ses oreilles étaient pliées comme celles des cochons, sa sacoche en cuir battait ses cuissots et sa voiture flambant neuve réveillait sans vergogne tout le quartier. Quant à sa petite femme, tout ce qui l'intéressait, c'était de faire comprendre à tout l'immeuble, par inadvertance bien évidemment, que sa famille était mieux que celle des autres. Pour cela, lorsque son mari s'en allait, elle ouvrait la porte et criait, par pur snobisme :

— Koletchka, tu n'as pas oublié de mettre ta cravate ? Tu sais, celle qu'on a rapportée d'Italie !

Un jour, alors que l'orgueilleuse se pressait dans les escaliers, accompagnée d'une amie à elle, elle avait croisé Tania. Qu'elle n'avait pas saluée, seulement effleurée avec la manche de sa fourrure en martre et éclaboussée d'un relent de parfum. Son manteau, jeté sur ses épaules avec légèreté comme de la neige fraîchement tombée, lançait des éclats gris-brun. La hanche de Tania s'en était allée cogner contre le garde-corps sale de l'escalier ; les impertinentes, qui se trouvaient déjà loin, n'avaient rien remarqué.

— C'est la voisine du dessus..., entendit Tania tandis que les voix s'éloignaient. Son fils est toxico.

Ces bribes de médisances déclenchèrent la colère de Tania qui projeta à l'intention de la prétentieuse un crachat plein de fiel :

— Sois maudite !

Le crachat s'envola dans l'escalier, fixant la vexation sur l'arrogante voisine. Que cette capricieuse sache ce qu'il en coûte de rire du malheur de Tania ! Sauf que l'autre ne se rendit compte de rien, occupée qu'elle était à se gratter la nuque. Après cela, son mari périt dans un accident. Et encore après, le manteau en martre fut vendu.

Tania se tenait debout à l'arrêt, dans l'attente du minibus. Les femmes autour d'elle se dandinaient comme des pingouins. Des murmures de plaintes s'élevaient. Le PAZ n'arrivait pas. La journée de travail de Tania s'annonçait courte, elle pouvait se permettre d'arriver en retard et pourtant elle se dépêchait car elle avait besoin de passer un moment dans la baignoire des Liamzine. La grande baignoire en fonte posée sur ses pattes de lion l'attirait comme un berceau. Feu Andreï Ivanovitch aimait s'y tremper, le bain moussant senteur conifère montait jusqu'à son menton proéminent, seule la coquille molle de son ventre bien gâté dépassait, tandis qu'autour de son nombril venaient se briser les bulles de savon.

— Tanioucha, mon peignoir ! ordonnait-il ; elle accourait avec le peignoir ouaté, floqué du logo d'un hôtel étranger d'où on l'avait rapporté comme un trophée de mission.

La veille, Tania avait fait tomber une bague en diamants dans la salle de bains ; celle-ci avait roulé entre les pieds en fonte et ses bords en carbone avaient légèrement tinté. Cette bague n'était pas la sienne, mais celle de la maîtresse de maison. Tania rêvait de la dérober.

« Je suis pas une voleuse », pensa-t-elle en scrutant les numéros des minibus qui passaient.

Le tacot tant attendu se pointa enfin. Les passagers s'agglutinèrent d'un seul bloc devant l'entrée. Tania se faufila à l'intérieur avant de s'enfoncer dans un siège déchiré dont la garniture formait des fleurs jaunes. « C'est juste que j'ai besoin de cette bague, j'ai un fils et j'ai des dettes et Ella Sergueïevna est une vipère et une radine. »

La guerre contre Ella Sergueïevna avait démarré peu de temps avant la mort du maître de maison. Le jour où cette dernière se préparait pour une réception où devait apparaître Marina Semionova. Dix toilettes avaient été essayées, aucune ne convenait.

— Apporte-moi ma veste en vison ! avait ordonné Liamzina.

Tania s'était précipitée vers l'armoire et était revenue les mains pleines d'un nuage duveteux et luxueux qui se pelotonnait contre elle comme un petit chat.

— Demi-tour, imbécile ! avait-elle hurlé. C'est la blanche que je veux, pas la noire !

— Vous ne m'avez pas précisé..., avait commencé à dire Tania mais la maîtresse avait jeté sur elle une de ses chaussures neuves aux talons instables.

Quand Ella Sergueïevna les portait, elle tanguait toujours un peu et ressemblait à une tige géante, de celles qui poussent au fond des océans. Le projectile avait atteint sa cible et frappé Tania sur l'épaule. La douleur n'avait pas été très forte mais les tentacules de l'humiliation l'avaient saisie et planté dans son cœur des racines néfastes.

Non, Tania ne faisait pas partie de celles qui méritaient une correction de la part de la sombre Ella Sergueïevna, soi-disant pédagogue. Il fallait au contraire amadouer Tania avec des friandises, lui rapporter de jolis cadeaux de voyage achetés en *duty free* – un châle en laine ou une eau de toilette de grande marque. Et si Ella s'énervait, elle devait ensuite prendre du recul, se calmer et revenir sincèrement et gentiment vers Tania, comme si rien ne s'était passé. Comme s'il n'y avait eu ni cris ni offenses.

Jour après jour, la colère de Tania grandissait. À la suite des dernières insultes (« débile », « parasite »), Tania avait placé un domino envoûté derrière le tableau accroché dans le salon. Dans le portrait sur lequel Andreï Ivanovitch Liamzine plissait les yeux à la manière d'un empereur demeurait désormais un secret.

Après la mort de son mari, Ella Sergueïevna était devenue un véritable démon. Un jour où Tania était de repos, une perquisition avait eu lieu chez la veuve, car des soupçons planaient sur elle. Plus rien n'allait. Ella Sergueïevna était constamment inquiète, tout l'irritait. Sur son cou flasque, une veine bleue battait à tout rompre, prise de panique.

Tous les prétextes étaient bons pour déclencher un esclandre. Dans la chambre se trouvait un couvre-lit en alpaga avec de longs poils ébouriffés. Tania reçut l'ordre de peigner les poils les uns après les autres, sauf que la laine s'entêtait à former des mottes. Difficile d'imaginer que cette laine molle avait un jour recouvert un animal vivant qui avait parcouru les Andes, brouté l'herbe des montagnes, clappé de sa lèvre fendue, agité ses oreilles. Et que cet animal était mort pour que cette laine blanche se retrouve étalée sur la couche d'Ella Sergueïevna. C'était fait, la laine était désormais peignée. Pourtant Liamzina regarda le lit de travers et hurla que ce travail de cochon coûterait à Tania la moitié de son salaire. Puis elle fit mention de la vieille tasse que Tania avait cassée en mille morceaux lors du repas de funérailles d'Andreï Ivanovitch.

— Tu l'as cassée ! En mille morceaux ! Un souvenir de ma mère !

Tania était rentrée chez elle avec un poids énorme sur la poitrine. Elle bouillonnait de rage. L'ascenseur ne fonctionnait pas, les marches de l'entrée puaient l'odeur acide de l'urine. Au troisième palier, des mains lourdes comme du plomb l'avaient saisie pour s'enfoncer dans sa gorge avant de la presser contre le mur sale. C'étaient les mains de ceux à qui son fils devait de l'argent. Leurs gueules de bouledogue étaient masquées par l'obscurité. Ils semblaient être deux mais seul le premier parlait – il garantit qu'ils reviendraient. Tania avait mal au cou, sa paupière tremblotait. C'est à ce moment-là qu'elle décida de commettre un crime.

Ella Sergueïevna conservait ses objets de valeur sous clé, dans un coffre-fort. Quelques bagues, cependant, traînaient habituellement sur sa table de chevet. Le soir, ses doigts engourdis s'épaississaient, et à l'endroit où se trouvaient tantôt les bagues retirées, on voyait des traces circulaires rouges et chaudes. Une de ces bagues fut oubliée sur cette table de chevet. La lumière la faisait reluire, et dans leurs minuscules cavités de platine, les pierres blanches dansotaient. Rien de plus facile que de la glisser dans la poche de sa tenue de travail. Ce n'était pas comme les fusils encombrants d'Andreï Ivanovitch, difficiles à dérober. Voler, cela signifiait gagner beaucoup d'argent. À la pensée d'un nombre à cinq chiffres, la tête de Tania se mettait à tourner.

La veille, le moment propice s'était présenté. Pour une fois, Ella Sergueïevna ni ne braillait ni ne couvrait Tania d'avanies. Elle était allongée sur le divan du salon et regardait en silence les restes de neige mouillée à travers la fenêtre. L'hiver approchait et le sein de la veuve taciturne se serrait et coassait comme un horrible crapaud. Un crapaud qu'on appelait le désarroi et la peur. Ella Sergueïevna avait été licenciée de son poste de directrice d'école. Effarée, accablée, elle devenait amorphe. Plus un mot ne sortait de sa bouche.

Pendant ce temps, Tania pénétrait dans la chambre. Elle saisit l'objet précieux sur la table de chevet de sa maîtresse et se faufila dans la salle de bains ; puis elle glissa son butin sous la lampe à LED pour mieux regarder les facettes des diamants. Alors qu'elle s'apprêtait à fourrer la bague entre les plis suants de ses seins étirés comme des crêpes par son soutien-gorge, la toux grasse d'Ella Sergueïevna retentit à proximité. Tania se tendit, la peur la saisit, elle trembla et la bague fila sous la baignoire. La maîtresse entra. Elle rêvait de prendre une douche froide. Tania fut renvoyée chez elle…

L'arrêt où elle voulait descendre entra dans son champ de vision. Tania dégringola du minibus et se dirigea d'un pas décidé vers la ruelle dans laquelle se trouvait la maison d'Andreï Ivanovitch, cachée derrière une haute palissade. Des webcams montaient la garde. Arrivée devant le portail, elle sonna. Des flocons de neige volaient près de son visage, elle tira plus encore sa capuche en polyester sur son nez. Quelqu'un l'observait. Assise dans une voiture trois cents chevaux confortable et chauffée, Marina Semionova la regardait. La radio, à peine perceptible, ronronnait dans les haut-parleurs. Semionova attendait. Elle observait Tania qui en eut marre de sonner et prit ses clés qui tintèrent. Le portillon céda en gémissant et le dos en polyester de Tania disparut dans l'entrée.

Semionova attrapa son poudrier et regarda son nez d'un œil critique, l'éponge à maquillage passa sur l'arête avant de se déplacer sur son visage dont la peau était fine comme de la mousseline. Soudain, quelqu'un frappa à la vitre. Elle reconnut tout de suite le jeune enquêteur et ouvrit la fenêtre avec colère.

— Qu'est-ce que vous voulez? Pourquoi vous me suivez?

— C'est plutôt vous qui allez me répondre. Pourquoi surveillez-vous la maison des Liamzine? demanda-t-il en souriant.

— Qui êtes-vous? demanda Semionova, étonnée et confuse.

— Je m'appelle Viktor, Marina Anatolievna. Et nous nous connaissons.

— Partez, laissez-moi tranquille!

— Ella Liamzina vous a attaquée au théâtre. Et aujourd'hui, vous êtes en embuscade en face de chez elle. Pour quelle raison?

— Comment osez-vous ? s'emballa Semionova. Savez-vous à qui vous parlez ? Je me plaindrai auprès de votre supérieur, Kapoustine !

Elle remonta la vitre avec fureur et fit rugir le moteur. Viktor ajouta quelque chose en agitant les mains tout en gardant le sourire sur son beau visage. Sa tête nue gelait sous les flocons qui s'acharnaient. La voiture de Semionova fit demi-tour et fila.

Pendant ce temps, Tania se dirigeait vers la salle de bains. Manifestement, la maîtresse de maison avait rejoint sa résidence secondaire, comme elle l'avait évoqué la veille. Le vieux gardien avait disparu dans la nature et le nouveau n'était pas embauché. La maison était vide. Ella Sergueïevna avait perdu sa poigne, lâché les rênes. Elle se faisait de la bile et manquait de discernement. La maison marchait seule.

— Elle fait des histoires pour des broutilles. À compter les fils de laine de la couverture, marmonna Tania.

Elle ouvrit la porte de la salle de bains et resta pétrifiée. La baignoire était remplie à ras bord d'une eau marron. Tout autour, les carreaux de céramique étaient recouverts de gouttes de sang épais. Ella Sergueïevna était morte. Sa tête, qui sortait de l'eau, regardait Tania.

10

Le salon de Marina Semionova grouillait de joie. C'était la première fois qu'elle fêtait son anniversaire sans Andreï Ivanovitch. Les serveurs engagés pour l'occasion allaient et venaient, vêtus d'une chemise et d'un nœud papillon blancs comme neige. Leurs mouvements rappelaient ceux des chefs d'orchestre, ils soulevaient les couvercles de plats gigantesques, découvrant les flancs de sandre entiers posés sur des coussins d'oignons et décorés de rondelles de citron sur les côtés, des langues de bœuf en sauce aux noisettes garnies de coriandre et de persil, des porcs rôtis avec des pommes de terre dorées. Pareils à des dragons, les plats crachaient de la fumée.

Dans des bols dorés et allongés étaient servis des *pirogi* ouverts sur le dessus, farcis de hareng ou de caviar rouge, des blinis roulés, des têtes d'ail et des concombres marinés, des carottes découpées en étoile, des tomates farcies, des roulés d'aubergine, des salades aux haricots, pignons de pin, poires cuites, avec du parmesan d'importation.

Les invités choisissaient les amuse-bouche dans des plats en porcelaine à compartiments et buvaient à la coupe des vins âgés pleins de bulles. Les conversations naissaient, mouraient, on entendait surtout la voix d'Iliouchenko et celle d'un petit homme qui traînait toujours dans ce genre de réunions. Conseiller du précédent gouverneur, il dirigeait désormais une organisation sociale que personne ne connaissait. Ses cheveux poussaient vers le haut comme ceux d'un hérisson grisonnant, et sur le revers de son veston on pouvait voir briller l'insigne du GTO («Prêt pour le travail et la défense»). La discussion, comme toujours, portait sur la Russie.

— Piotr, ça fait longtemps que tu t'es converti à la révolution ? Pour ce qui en ressort, tu vivais plutôt pas mal, tout allait bien et tu prônais ton œcuménisme. Et puis dès qu'on t'a mis un peu la pression, tu as sauté sur un blindé ! C'est marrant, ton histoire d'autocratie... Mais en quoi on a une autocratie, chez nous ?

— Et pourquoi est-ce qu'ils sont venus chez moi ? se renfrogna Iliouchenko.

Il ne parvenait pas à oublier la récente visite des jeunes lascars du Centre «E», le centre de lutte contre l'extrémisme, qui avaient fait irruption chez lui pour lui demander des comptes sur ses appels lancés sur Internet pour une unité entre les chrétiens.

— Est-ce que vous voulez dire que nous devons nous incliner devant l'Église d'Occident ? avaient insisté les jeunes gars.

— Pourquoi nous incliner ? avait bégayé Iliouchenko sous le coup de l'émotion. L'idée, c'est d'avoir une union équitable, sous la protection de Dieu.

— Mais vous comprenez que ce sont nos ennemis ? (Les gaillards ne lâchaient pas l'affaire.) Ce que vous proposez, c'est de conclure un accord avec des ennemis.

À la fin de la discussion, ils firent les cent pas dans l'appartement en écartant crânement les bras, couvrirent d'éloges l'horloge en bois accrochée au-dessus de la porte (un cadeau de Marina Semionova) puis s'éloignèrent, laissant Iliouchenko coincé avec son angoisse.

— Ils sont venus voir ce qu'il en était. Si tu ne racontais pas de conneries. Si tu n'agitais pas les foules. Ils sont censés assurer la sécurité. Surtout qu'on a un gala sportif qui démarre bientôt.

— Il faut faire quoi exactement ? Rester plantés à trembler et toute la nuit jusqu'à l'aube attendre les hôtes chers et que les chaînettes de la porte cliquettent comme des fers ?

Quand il entendit ces vers de Mandelstam qui lui étaient familiers, un sourire moqueur déforma le petit homme tout entier, ses souliers vernis se mirent à claquer sur le parquet :

— Ça n'est pas supportable ! Tout mais pas ça, s'il vous plaît ! Pas de spéculations ! Les chaînettes cliquettent comme des fers... C'est la nouvelle mode ça, faire peur aux gens. Arrêtez avec ces horreurs. Staline, l'année 1937... C'est ridicule !

— Moi, je ne trouve pas ça ridicule. (Le nez d'Iliouchenko, vexé, se tordit.) Ça ne me fait pas rire du tout.

— Ils vous ont arraché la langue ? Ils vous ont envoyé dans un camp ? La belle affaire. Vous travaillez dans une entreprise extraordinaire, vous buvez des vins français, vous mangez de la gelinotte, et vous ne trouvez que ça à faire, paniquer ? Piotr, je vous croyais plus intelligent que cela.

Marina Semionova s'assit sur l'accoudoir de l'énorme fauteuil, près du petit homme. Vêtue d'une robe noire scintillante au décolleté profond dans lequel brillait un extraordinaire collier, elle était surexcitée.

— Eh bien les garçons, vous remettez la politique sur le tapis ? demanda-t-elle sur un ton de reproche.

— C'est de vous que nous parlons, Marina Anatolievna,

de vous ! s'enhardit le petit homme tout en passant avidement le bras autour de sa taille avec un plaisir manifeste.

— Nous parlons de la situation délicate dans laquelle je me trouve, marmonna Iliouchenko.

— Ah, ça...

L'ennui, immédiatement, envahit Semionova, puis soudain un sourire éclaira son visage : on criait son nom car un nouveau cadeau venait d'arriver. Elle bondit et se précipita pour l'accueillir.

Sous le charme, le petit homme suivit Semionova du regard pendant quelques instants puis se ranima et continua, comme si de rien n'était :

— Jugez vous-même, les transferts de personnel de Staline. C'était quoi au fond ? Du sang ! Une tête en moins par-ci, une tête en moins par-là. Encore une troisième. Des familles entières étaient fusillées. Et chez nous, qu'est-ce qui se passe ? Soit c'est le ministre qui commet des déprédations, soit le gouverneur, en douce, en catimini, et personne n'est inquiété. Ou encore quelqu'un est démis de ses fonctions d'un coup, ça arrive aussi. Ou bien il passe par les tribunaux, dans certains cas. Et ensuite pschitt, plus rien. Et le fils de pute peut même se retrouver nommé à d'autres fonctions, pas pire que les précédentes. C'est le top, tu comprends ! Comme l'aurait dit Staline, la vie est devenue meilleure, la vie est devenue plus gaie !

— Pour un simple citoyen, un homme ordinaire..., commença Iliouchenko, mais le petit homme ne l'écoutait pas :

— Dans l'ensemble, les gens sont plus gentils. Globalement. Sur terre. Personne n'étripe personne, pas de peine capitale, pas de gibier de potence. Sauf peut-être au Moyen-Orient. Mais même là-bas, c'est pas comparable. Prenez *Les mille et une nuits*...

— Arrêtez de me bassiner avec vos contes ! gémit Iliouchenko. Admettons que personne ne soit pendu. La peur est là, pourtant. Pour quelle raison sont-ils venus chez moi ? Sans doute que je suis trouillard et égocentré, pas la peine de faire des clins d'œil ironiques. Dites-moi plutôt pourquoi on s'intéresse de nouveau autant à la sécurité ici, aux ennemis invisibles ? Ils craignent les fantômes et ils effraient les citoyens, les vrais. Et me font peur à moi ! Oui !

Les plaintes d'Iliouchenko se noyèrent dans l'allégresse générale qui suivit l'arrivée au salon du gigantesque panier de roses rouges. L'héroïne du moment suivait le panier en sautillant et en frappant dans ses mains comme une petite fille.

— Des fleurs de la part du maire ! s'exclama-t-elle.

Immédiatement, les gens se mirent autour du bouquet pour le photographier, on entendait crépiter les appareils photo des iPhones. Semionova riait, prenait des poses. Entre ses seins, son collier en or scintillait. Le panier avait immédiatement retenu l'attention de tous. Le peintre Ernest Pogodine avait posé son verre de liqueur et admirait la belle reniflant les roses comme s'il s'était agi d'un tableau, la tête penchée sur le côté comme un oiseau ; entre ses genoux, le pommeau de sa canne étincelait. Tchachtchine, le directeur artistique du théâtre, répétait d'un air solennel :

— Il y en a au moins cinq cents, au bas mot. J'ai l'œil pour ces choses-là. Les acteurs n'en reçoivent jamais autant, croyez-moi.

Le gérant de l'entreprise de construction souriait joyeusement de toutes ses dents en céramique tandis que la gestionnaire de la clinique de soins esthétiques Le Basilic – une femme d'un âge indéterminé dont les lèvres ressemblaient aux rouleaux tout lisses qu'on utilise pour la peinture – s'écria d'une voix ronflante, en orientant l'écran de son téléphone vers le bouquet :

— Bon sang de bonsoir ! Ça rigole pas !

Quand l'excitation retomba, le petit homme s'exclama :

— Vous voyez, Piotr. Tout le monde est heureux ! Personne n'a peur de rien !

— De quoi vous parlez ? s'intéressa Pogodine.

— Disons que, répondit solennellement le petit homme en montrant Iliouchenko, notre Piotr craint plus que tout les dénonciations !

L'annonce fut accueillie par un rire gras. La gestionnaire de la clinique Le Basilic entrouvrit ses lèvres dilatées pendant que ses épaules sautillaient. Marina Semionova s'avança vers Piotr et l'embrassa sur le front pour plaisanter :

— Ne crains rien, Petia. Pourquoi tu t'inquiètes comme ça ? Il ne va rien t'arriver du tout.

— Il ne va rien m'arriver ? sursauta Iliouchenko. Ah bon ? Il est bien arrivé quelque chose à Liamzine, pourtant. Et à son adjointe du ministère. Et à sa femme.

— Chuuut..., sifflait-on de tous les côtés. Tu gâches la fête...

Iliouchenko se sentit gêné d'en avoir trop dit et resta figé en regardant la lourde croix pendue à son cou, qui tombait sur son ventre.

— Du calme, aucune inquiétude à avoir ! dit la maîtresse de maison pour rassurer les invités. Je sais, tout le monde ne parle que d'elle, de la pauvre Ella Sergueïevna. Je ne lui en veux pas, je voulais même faire la paix avec elle. Je n'en ai pas eu le temps.

— Qui l'a dénoncée ? s'enquit Tchachtchine tout en acceptant qu'un serveur remplisse de nouveau son verre.

Tout le monde se mit à parler en même temps.

— À l'école..., entendait-on de toutes parts. Un enseignant... Le licenciement... Son mari... Elle s'est ouvert les veines... C'est l'employée de maison qui l'a trouvée...

— Sur moi aussi ils sont en train de concocter quelque chose. Et ça me fait une belle jambe ! annonça Ernest Pogodine en dédaignant du jambon cuit.

— Sur vous aussi ? Mais quel mal peut-on dire de vous ? s'étonna Marina Semionova, minaudant.

— Que je dévergonde les garçons, mes modèles.

Les invités – dont les mines étaient devenues graves – se mirent de nouveau à plaisanter :

— Ha, ha, ha !

— Les garçons !

— À côté du chevalet !

— Un peintre qui détourne des mineurs !

— C'est tout à fait ça, acquiesça Pogodine, content d'avoir attiré l'attention. Récemment, j'ai peint l'épouse du gouverneur. Et pendant l'une des séances, voilà qu'elle me dit : « Si l'on en croit la rumeur, Ernest, vous êtes un véritable pervers, je ne vous laisserai pas peindre mon fils. » Mot pour mot.

— Elle a cru les calomnies ? demanda Tchachtchine à mi-voix.

— Qu'elle les ait crues ou non, ricana Pogodine, on m'a déjà commandé un portrait du gamin. En costume de cadet.

Assis l'un à côté de l'autre, à table, ils se servaient à volonté. Leurs molaires broyaient et concassaient, leurs canines mordaient, leurs incisives découpaient.

— C'est horrible, ce qui est arrivé à Ella Sergueïevna, c'est certain, acquiesça Tchachtchine en mâchant. Je ne m'attendais pas à un truc pareil, sincèrement. C'était une femme tellement forte. Un bulldozer. C'est sûrement un choc émotionnel. Tu as vu, sur YouTube, les vidéos de la rixe filmée par les spectateurs, au théâtre ? Dix mille vues ! Et combien de saletés et d'insultes. Nous sommes des gens de l'art, des gens publics, nous sommes habitués à cela, mais elle, la gentille petite fonctionnaire...

— Je me suis penché sur cette histoire de veines coupées, indiqua Pogodine en buvant bruyamment une gorgée de son verre. Par exemple, tu savais, toi, que le sang se déplace à la vitesse de quarante kilomètres à l'heure, dans les veines ? C'est dingue.

— Et alors ?

— Tu imagines comment ça a dû gicler ? Cinq litres ont coulé dans la baignoire. La personne s'est vidée.

— C'est triste pour leur fils, soupira Tchachtchine. Il est totalement orphelin.

— Cela dit, il ne manque de rien, ajouta Pogodine en clignant de l'œil.

Une fois de plus, l'atmosphère du salon s'émoustilla. De nouveaux invités faisaient leur apparition : Kapoustine, le procureur, tenait un bouquet et une curieuse petite boîte bleue entourée d'un ruban ; deux enquêteurs l'accompagnaient. L'un d'eux portait une moustache, c'était celui qui avait interrogé la veuve de Liamzine à propos de Sopakhine, le professeur d'histoire. L'autre, c'était Viktor.

— J'arrive avec ma suite, indiqua Kapoustine avant d'embrasser l'hôtesse à plusieurs reprises et de lui chuchoter à l'oreille : J'ai bien reçu l'argent et les documents.

Semionova acquiesça d'un air satisfait. Les serveurs s'affairaient, jonglaient avec les verres, accompagnaient les invités jusqu'aux amuse-bouche.

— Je vous prie de nous excuser pour le retard, dit

Kapoustine avec sa voix de basse. Nous étions au cinéma. Toute l'équipe.

— Comment ça, au cinéma? s'esclaffa Marina Semionova.

— Ordre spécial, précisa le moustachu, nous sommes allés voir un film patriotique. Qui était très vivifiant, cela dit.

— En amont du gala sportif, ajouta Viktor.

La ville, déjà, se recouvrait de petits drapeaux. Le festival de jeux traditionnels était en cours de préparation. Les compétitions allaient démarrer sur la grand-place d'abord, et ensuite dans tous les stades de la région. Des sportifs chinois, zimbabwéens, turkmènes et vénézuéliens avaient été invités. D'inquiétude, le gouverneur ajoutait quelques gouttes de teinture d'aubépine dans sa camomille du soir, le maire souffrait d'insomnies et le ministre du Tourisme et des Sports, pour les mêmes raisons, avait perdu deux kilos.

— Allez! proposa soudain le petit homme qui discutait toujours avec Iliouchenko, buvons tout de même à Marina Semionova! À notre véritable trésor. Le gérant de son entreprise de construction est présent aujourd'hui. Et ces personnes, messieurs, n'ont pas ménagé leurs efforts pour que notre ville rajeunisse et commence à se moderniser. Elles ont construit une patinoire, un pont... Tout cela ne va pas sans pression, sans endurance, sans intelligence, et sans oublier, évidemment, la beauté de Marina Semionova. Comme disait Horace : « Sans un travail énorme et toujours obstiné, l'existence aux mortels n'a jamais rien donné. » La voilà, notre bourreau de travail. Je te souhaite, ma chère, santé et amour, et que plus jamais de telles tragédies n'arrivent – vous savez de quoi je parle.

Les verres levés s'entrechoquèrent. Sur le plafond du salon, des Cupidons dénudés se pâmaient pendant que les invités, tout doucement, s'enivraient. Marina Semionova fit tinter le manche d'un couteau contre le pied d'un verre, attendant le silence.

— J'ai une proposition à vous faire. Puisque nous sommes tous réunis, je vous propose un jeu !

— Quelle batifoleuse ! Cela sera sans moi, refusa immédiatement Ernest Pogodine.

— Qu'est-ce que tu manigances ? s'agita Iliouchenko.

— Ne comptez pas sur moi pour jouer, ajouta Kapoustine la bouche pleine.

— Justement, en tant que procureur général, vous devriez être intéressé. Le jeu s'appelle « Réveille le sphinx ». Regardez, je prends une allumette et je la pose sur la paupière de Petia. Surveillez ses cils. Petia, il ne faut surtout pas que tu clignes des yeux.

— Comment ne pas cligner des yeux ? répondit Iliouchenko, provoquant un rire général.

— Petia sera le sphinx. Mon but est de le déstabiliser, mais seulement par la parole, de sorte qu'il fasse tomber l'allumette. Vous comprenez ?

— Ça, vous pouvez le faire, avança Tchachtchine, il vous suffit de pousser un profond soupir et vous le déstabilisez.

— Justement, je n'ai pas le droit. Interdiction de faire des bruits et de bouger les bras. Les mains doivent rester posées sur les genoux.

Marina Semionova s'assit face à Iliouchenko sur un élégant tabouret – exactement comme elle l'avait indiqué. Les invités s'approchèrent pour regarder le sphinx se faire avoir.

— Alors, Petia, commença Semionova, merci d'être venu à mon anniversaire. Je me demandais si tu n'étais pas en train de perdre la boule avec ce Centre « E ». C'est vrai qu'on dit du mal de toi, je ne le nie pas, mais personne n'a l'intention de t'enterrer. Quoiqu'il y aurait matière à.

Iliouchenko ne broncha pas.

— Tu sais ce que les gens racontent ? prononça-t-elle dans un quasi-murmure tout près de son visage. Que tu ne t'intéresses pas aux femmes, Petia. Tu vois ce que je veux dire ?

Les gens autour reniflèrent. Iliouchenko restait de marbre, seul son genou tremblait. L'allumette vacilla au milieu des cils, comme la flamme d'une bougie.

— Ont-ils raison ? Sont-ils tous faits dans le même moule tandis que toi, tu es d'un autre genre ? se gaussa tendrement Semionova. Quand tu vois un jeune lièvre tout mignon, tu te dis que tu pourrais te le faire derrière une porte !

Les invités avaient perdu toute retenue et s'esclaffaient. Ernest Pogodine, dont les rouflaquettes tremblotaient, se mit à déclamer comme un bouffon :

— Pédé ! Tante ! Inverti ! Tarlouze ! Pédale ! Tantouze ! Tafiole ! Tapette !

L'allumette vacilla et tomba dans les plis de la soutane.

— C'est injuste ! protesta Iliouchenko en rougissant. D'abord, c'est tous contre un. Ensuite je suis assis là comme un imbécile et je ne peux pas répondre. Ça n'est pas un jeu, ça : écouter et prendre sur soi pendant qu'on vous lance un anathème.

— On a réveillé le sphinx ! fredonna l'hôtesse, faisant fi des lamentations de son ami.

— À votre tour maintenant, Marina Anatolievna, intervint Kapoustine tout en savourant avec délectation un vin rouge sec.

— Je vous en prie ! (Semionova accepta et chassa Iliouchenko du fauteuil pour prendre sa place.) Donnez-moi une allumette ! Qui donc veut me réveiller ?

— Oh…, marmonna Tchachtchine. Je donnerais beaucoup pour avoir ce plaisir.

Puis il planta sa fourchette dans un aspic garni de crème d'ail.

Subitement, l'enquêteur moustachu se leva :

— Laissez-moi essayer.

Un bout d'aneth était resté accroché à sa moustache, ce qui lui donnait l'apparence d'une haie d'hiver qui ne compterait qu'une seule feuille verte. Semionova prit soudain un air sérieux.

— Vous avez un avantage, vous n'avez pas le droit ! couina-t-elle avec désinvolture de ses lèvres charnues.

Puis la reine du bal se décida :

— Et puis pourquoi pas. Je place l'allumette.

Ses cils longs et recourbés, recouverts de mascara, se transformèrent en piédestal. L'enquêteur s'assit face à elle.

— Permettez-moi, Marina Anatolievna, d'exprimer toute l'admiration que je vous porte, déclara-t-il assez négligemment sans vraiment articuler. Vous êtes extraordinaire. C'est la stricte vérité. Tout le monde sait à quel point feu le ministre vous aimait. Et si un autre monde existe (le moustachu leva les yeux et les invités tournèrent la tête vers le plafond parsemé d'anges), sans doute qu'il regrette de ne pouvoir vous souhaiter, comme il avait l'habitude de le faire, un bon anniversaire.

Pour écouter, son collègue Viktor s'était placé à proximité du piano ouvert. Son poing alla s'écraser sur le clavier par inadvertance. On entendit alors un *do* et un *ré* complètement dissonants. Sur les cils de Marina Semionova, l'allumette sautilla, s'inclina légèrement mais resta en place.

— Nous savons que cela n'a pas été facile pour vous, déclara le moustachu en haussant la voix, votre bien-aimé était près de vous tout en n'étant pas vraiment avec vous... Dites donc, est-ce vous qui lui avez envoyé les lettres anonymes ?

Des murmures s'élevèrent parmi les invités, les cils du sphinx tombèrent puis se relevèrent. Dans le nuage de jérémiades collectives, l'allumette s'écrasa sur le sol.

— Quel plaisantin ! dit Kapoustine en menaçant le moustachu de son doigt.

Semionova rit nerveusement, son corps se plia en deux, les paumes de ses mains se pressèrent contre sa bouche et des taches de rouge à lèvres apparurent sur le bout de ses doigts. Viktor, pour une raison que personne ne comprit, se mit à applaudir.

C'est précisément à ce moment que la pièce fut plongée dans le noir ; Ernest Pogodine se retrouva au piano et commença à jouer une mélodie connue de tous. Les invités se mirent à chanter d'une seule voix :

Joyeux anniversaire ! Joyeux anniversaire ! Joyeux anniversaire, Marina Anatolievna ! Joyeux anniversaire !

Lentement, prudemment, comme une fiancée, le gâteau d'anniversaire fut avancé dans le salon sur un chariot de service. Pareilles à une forêt épaisse et magique, les bougies s'étalaient sur les cinq généreux étages de la pièce, leurs flammes tremblotaient, projetant des ombres féeriques sur les tranches bleues et blanches du gâteau vaporeux, attendri par des pétales de crème, tandis que sur le glaçage au chocolat du dessus, on pouvait lire, couleur café, l'inscription « Joyeux anniversaire, chère Marina ! ».

Comme une ballerine portant tutu s'incline profondément devant la reine du conte, le gâteau s'approcha de celle qu'on fêtait et s'arrêta. Semionova se pencha pour faire un vœu, la lueur des bougies laissait entrevoir le scintillement de sa robe, le bout de son menton, son cou et le séduisant triangle de son opulent décolleté. Les bougies furent éteintes d'un seul souffle à l'exception d'une qui ne se rendit pas tout de suite et dont la flamme se tortilla une seconde encore, dans l'agonie précédant la mort.

L'obscurité était totale. Le plafonnier fut immédiatement rallumé et tous se mirent à pousser des cris, en cercle autour du gâteau éteint comme un animal exotique pris au piège. Tel un miroir, l'énorme couteau du serveur reflétait les visages des invités, les moulures et les chérubins. Le couteau s'enfonça dans le gâteau mou comme un plongeur pénètre dans un bassin, puis il mordit amoureusement dans le biscuit, se barbouilla de crème, faisant du pied aux gourmands.

Les invités formèrent une queue autour de la pièce montée, assiette à dessert en main. Une fois qu'ils avaient reçu leur part, ils se mettaient sur le côté, l'air ahuri, comme des aveugles, leurs yeux brillaient d'impatience. Viktor se régalait sans gêne pendant que sa frange couleur des blés cherchait à s'immiscer dans sa cuillère. Tchachtchine, au contraire, s'était mis à l'écart ; profondément incliné sur son assiette, il embrassait le gâteau comme s'il s'agissait d'une femme. Iliouchenko se prit les pieds dans sa soutane en allant chercher du rab.

— Thé ou café ? rabâchaient les serveurs.

Marina Semionova, entourée de ses invités, faisait défiler sur son portable les photos qu'elle venait de prendre. L'ivresse commençait à l'envahir, ses mouvements s'emplissaient d'une mollesse ouatée.

— Musique ! Musique ! exigea-t-elle.

Des chansons à la mode, de celles qu'on met pour danser, résonnèrent. La reine de la fête se plaça au centre, sa robe ondulait comme un serpent, son corps faisait des zigzags. Immédiatement, les autres se mirent en cercle autour d'elle, bercés par le rythme qui les entraînait et les faisait accélérer, imposant ses conditions. Viktor claquait crânement des doigts, le petit homme – avec le hérisson sur la tête – se trémoussait comme sur un twist, tandis que la gestionnaire du Basilic agitait son très présent postérieur.

— Comment ça va ? demanda-t-elle à Marina Semionova en la prenant par le bras pendant que celle-ci dansait. Tu penses à ton Andreï ?

— Tu sais, lui répondit Marina en riant, je n'y pense déjà plus. Je suis amoureuse d'un autre.

— Oh ! Dis-moi donc qui c'est ! Est-ce qu'il est ici, hein ?

La lippue brûlait de curiosité, ses mains enlacèrent Semionova, la priant de parler.

— Non, non, je ne dirai rien…, s'entêta Semionova, puis elle attrapa le bas de sa jupe et se mit à tournoyer.

La musique changea, devint plus romantique pour laisser la place aux danses de couple.

— Quart d'heure américain ! annonça Iliouchenko qui en était à sa troisième part de gâteau.

Marina Semionova s'approcha du procureur et lui tendit la main. Celui-ci répondit d'un sourire flatté et salace. Ils prirent place au milieu de la piste et commencèrent à danser. Les autres les regardaient, sous le charme.

11

Katouchkine et Sopakhine se retrouvèrent dans une cafétéria. Les plateaux en plastique tout tailladés se cognaient les uns aux autres.

— On avance ! cria d'un ton péremptoire la bonne femme qui servait. Le haut de sa toque se balançait comme un funambule devant un précipice.

Les gens venus prendre leur repas obéissaient, prenaient une assiette de nouilles au poulet, du bortsch, des boulettes avec une montagne de purée, de la salade mimosa à la mayonnaise et au saumon, des verres de *kissel* épais et tiède. La caissière envoyait prestement les assiettes sur la balance et faisait tinter la caisse.

— Au suivant ! On se réveille ! hurlait-elle.

Une fois qu'ils avaient payé, les clients attrapaient des serviettes et s'avançaient vers le distributeur de couverts qui proposait couteaux et fourchettes en aluminium tordu. Maintenant leur plateau dans un équilibre précaire, ils enjambaient avec précaution la serpillière frétillante de la femme de ménage qui jouait de son balai, puis s'asseyaient pour déjeuner.

— Non, dit Sopakhine, penché sur son bol qui ne contenait

qu'un morceau de pain noir trempé. Je ne vais pas dire du mal d'Ella Liamzina.

— Je comprends, acquiesça Katouchkine, *de mortuis nihil nisi bonum.*

Katouchkine était un homme replet. Il avait revêtu une vieille veste qu'il portait aussi bien en hiver qu'en été. De petites lunettes rondes tenaient en équilibre sur son nez.

— Ce n'est pas ça, ce n'est pas une question de morale, grimaça Sopakhine tandis que son pull – dont les losanges et les carrés étaient tout estompés – se mit lui aussi à faire des plis aux manches comme pour imiter son maître. Je suis déjà en résidence surveillée. Et en plus, je risque une amende. Vous êtes au courant d'ailleurs.

— Mais dans ce cas, il faut protester ! La directrice de l'école était impliquée dans une affaire, elle a accaparé l'argent du budget et c'est vous qui passez devant les tribunaux. Pour une inculpation fabriquée de toutes pièces.

— Non, non, grommela Sopakhine. Je ne rentre pas là-dedans. Et puis Ella Sergueïevna en a pâti elle aussi. Moi je suis vivant au moins, tandis qu'elle... Tout un tas de personnes me mettent la pression maintenant. Le maire s'apprête à raser un parc qui date du XIXe siècle, le seul de la ville, pour construire un quartier d'affaires à la place. Les gens sont furieux et ils veulent me convaincre de m'engager, mais qu'est-ce que je peux faire ? Je suis en résidence surveillée !

— Liamzina, le coupa Katouchkine, aurait dû payer l'amende pour vous. Un demi-million de roubles complètement dévalués ! Une somme ridicule pour une richarde comme elle.

— À quoi ça servirait maintenant ? (Sopakhine écarta l'idée.) L'important, c'est que ça s'arrange au boulot. Parce que ma femme menace de me quitter et de prendre notre fille avec elle.

— À cause de la perquisition ?

— Parfaitement. Ils ont fait irruption chez nous en pleine nuit en cassant la porte, et depuis, la petite ne parvient plus à s'endormir normalement. Pour le moment, ma femme est chez sa mère et moi, je fais office de criminel. Et de chômeur. Et par-dessus le marché, je suis couvert de dettes.

Sopakhine ricana ; son torse s'affaissa, les losanges se tordirent et se plièrent en deux, ce qui les transforma en triangles isocèles.

Katouchkine jeta un coup d'œil aux gens qui se bâfraient et buvaient à grand renfort de srunch et de slurp, à un enfant qui piquait sa crise, au ver de terre qui se roulait sur le carrelage froid tout juste lavé, et aussi à la jeune et jolie Asiatique au tablier fin qui débarrassait les plateaux oubliés sur les tables. Un sourire tremblait au coin de sa bouche. Katouchkine était plein d'énergie. Un jour, une sorte de moteur rugissant, d'étincelle ou de nanomoteur avait pris place en lui et opérait dans un mouvement perpétuel. « C'est un hyperactif, disait-on, il ne tient pas en place. »

— Mais concrètement, qu'est-ce qui a posé un problème aux enquêteurs ?

Katouchkine revenait à l'attaque.

— Je..., hésita Sopakhine, je ne veux pas accuser les enfants. Ils m'ont soutenu. Désormais je suis libre et les élèves viennent me voir, ils sont venus à la maison d'arrêt aussi. Ils m'ont demandé de les préparer à l'examen d'État, de me payer pour cela. J'ai pu donner des cours de soutien...

— Mais qu'est-ce qu'on vous reproche ?

— Une élève de terminale avait enregistré un bout de mon cours sur la Grande Guerre patriotique justement. Soi-disant que j'aurais insulté l'histoire. Mais le plus probant, ça a été la Semaine de l'histoire russe, qui était publique, alors toute déformation du passé était punie encore plus durement.

— Comment ça, « déformation » ? insista Katouchkine.

— Comme ça…, nasonna Sopakhine en se mouchant dans une serviette en papier rugueux. J'ai parlé du pacte Molotov-Ribbentrop, de l'occupation conjointe de la Pologne par les soldats soviétiques et ceux de Hitler. Et du rattachement des pays Baltes. Disons plutôt de leur annexion. D'abord l'Estonie, la Lituanie et la Lettonie, puis la Finlande… Ça aussi, ils l'ont ajouté au dossier.

— Falsification de l'histoire ?

— C'est ça. Leur enquêteur, un moustachu, parlait calmement et gentiment alors que les deux autres étaient de vrais béliers. Ils m'ont même frappé quand j'ai osé leur répondre.

Sopakhine tendit la main vers le verre de *kissel* dans lequel une mouche se noyait. Il tenta de l'attraper avec le manche de sa cuillère à soupe. Le *kissel* tremblotait comme s'il était vivant, retenant la victime qui s'accrocha au manche tant qu'on ne l'eut pas bazardée sur le bord de la table, où elle se mit à bouger faiblement ses ailes.

— Comment ont-ils formulé la chose ? Que peut-on dire contre les faits ? (Katouchkine ne lâchait rien.)

— Formulé ? Comme d'habitude. Disant que je calomniais le gouvernement soviétique. Que ce pacte de non-agression, c'était la victoire de notre diplomatie, qu'on avait repoussé la guerre pour un temps. Et que c'était nous au contraire qui avions sauvé la Pologne et les autres pays. Avec notre armée libératrice. Que Staline, malgré tous les excès des répressions, était un dirigeant efficace.

— Ils sont fans du Généralissime ou quoi ? (Katouchkine tremblotait.)

— Non…, répondit amèrement Sopakhine. Ils disent juste qu'il ne faut en aucun cas comparer Staline à Hitler. Car ce serait comme réhabiliter le nazisme. Ce qui est un crime. Et d'après eux, je les ai comparés.

Sopakhine porta le verre de *kissel* à ses lèvres fines et se mit à avaler délicatement l'épaisse gelée. Tant et si bien que le fond cannelé du verre apparut.

— Qu'allez-vous faire maintenant ?

— Rien. Juste trouver de l'argent. En plus, ils ont dégueulassé ma porte. Quelqu'un a écrit « Fasciste » en rouge dessus. Les voisins, sans doute.

— Pourquoi « fasciste » ?

— Comment ça, pourquoi ? C'est ce qui est écrit dans l'article qui me concerne.

Sopakhine en avait marre de répondre à ses questions. D'un geste nerveux, il arracha quelques peluches sur la manche de son pull tout en parcourant du regard les alentours. Il tomba sur une vieille dame qui mâchait une brioche avec ses gencives. Son crâne transparaissait à travers ses cheveux grisonnants tandis que son front et ses tempes étaient parsemés de taches brunes. Elle avait acheté cette brioche avec les pièces accumulées au fond de son petit sac, puis demandé aux cuisinières un verre d'eau bouillante dans lequel elle avait plongé un sachet de thé déjà utilisé qu'elle avait récupéré sur le plateau de quelqu'un d'autre et qui répandit sa couleur rouille dans l'eau. Elle mendiait car sa retraite ne suffisait pas. Dans son regard, on lisait le renoncement, la faim, la colère, l'affection, l'enthousiasme, la vexation, l'humiliation, l'aigreur, la résignation. Elle allait manger la moitié de sa brioche et laisser l'autre moitié aux pigeons – car ils sont l'Esprit saint, les oiseaux de Dieu.

— Comprenez-moi bien, pria Katouchkine en se penchant

vers Sopakhine, mon intention est de démêler les fils de cette affaire. Le ministre Liamzine est mort. De peur. À cause d'une balance anonyme, c'est bien ça ?

— Admettons, répondit Sopakhine sans conviction.

Avec son doigt, il tâta son pied droit et sentit que sa bottine était trouée. Un petit trou était apparu entre le bout de la chaussure et la semelle. Comme si sa chaussure ouvrait la bouche pour qu'on lui donne de la kacha.

— Donc on a fait chanter le ministre, grogna Katouchkine. Mais pour quoi ? Pour sa liaison avec cette pouffiasse de Marina Semionova ? Ça, on le savait déjà, et on fermait les yeux. À moins que le corbeau n'ait menacé de raconter que Liamzine et sa maîtresse se mettaient des sous dans les poches, qu'ils pillaient les ressources de l'État ?

— Qu'il lui attribuait gracieusement les appels d'offres, les marchés publics ? J'en ai entendu parler, dans *La Sirène* d'ailleurs, votre journal, convint Sopakhine.

— Donc le ministre a eu une attaque et les enquêteurs ont sans doute passé en revue tous ses papiers et ses secrets. Ce qui les a menés jusqu'à Semionova, c'est ça ?

— Sans doute.

— Mais Semionova était déjà sur un piédestal, et elle y est restée. L'entreprise de construction est à son nom. Les comptes et les appartements aussi. Par contre un élément compromettant a surgi qui concerne l'adjointe de Liamzine. Une femme pieuse qui fréquente les monastères – tout à coup…

— Le BDSM, ajouta brièvement Sopakhine.

— Tout à fait. La photo avec le fouet. L'adjointe qui était à deux doigts de récupérer le poste de son supérieur se couvre de honte et s'enfuit. Elle se dissout dans l'air.

— Elle soigne ses nerfs, fit remarquer Sopakhine.

— Continuons. Ensuite, c'est sur vous qu'on jette la pierre. Plus précisément sur Ella Sergueïevna. Il y avait assez d'affaires et de manigances qui se tramaient dans le bureau de la direction pour la foutre au trou. Sans parler des placements immobiliers à l'étranger enregistrés sous de faux noms. Ce que personne n'a même mentionné. L'interrogatoire portait sur l'article 354. Et vous aussi vous retrouvez dans les mêmes beaux draps.

— Vous pensez que tout ça est lié ? prononça Sopakhine d'une voix traînante.

— Évidemment. Regardez. Liamzina est mise à la porte. Elle s'en prend à la poulette de son mari, Marina Semionova, et l'accuse de l'avoir dénoncée. Ça s'entend clairement dans la vidéo où elles se battent.

— Oui, acquiesça Sopakhine. Quelqu'un a rédigé un rapport disant qu'elle menaçait de tuer la maîtresse de son mari.

— Quelqu'un l'a dénoncée… Ça veut dire que quelqu'un a pour habitude de dénoncer, vous voyez ce que je veux dire ?

Sopakhine regardait Katouchkine qui était tout en sueur, excité. Ses lunettes glissaient sur la crête de son nez humide, comme des enfants dévalent une montagne en luge. Des taches apparurent sur sa veste, au niveau des aisselles. Ses épaules gigotaient d'impatience.

— Mais qui serait donc ce mystérieux comploteur ?

Lorsqu'il entendit ces mots, Katouchkine sursauta sur sa chaise et se mit à tapoter des poings sur la table.

— Voilà ! Voilà la bonne question. Qui donc ? À moins qu'il ne s'agisse de plusieurs personnes ? La ville est prise de fièvre ces derniers temps, partout on a des dénonciations. Un vrai déluge ! Le mois dernier, le ministère de la Justice a enregistré quinze rapports dénonçant des agents étrangers. Quinze !

— Des organismes ?

— Oui, l'association des écologistes – en voilà un ; le centre de la solidarité du travail – un deuxième ; le musée des camps – ça fait trois ; la société indépendante d'assistance juridique – quatre, etc. Je ne me souviens pas de tous. Apparemment, ils n'avaient pas informé le ministère qu'ils recevaient de l'argent de l'étranger. L'un n'avait pas signalé, l'autre avait oublié de mettre une petite note sur son site.

— Ils n'ont pas respecté la loi, constata tristement Sopakhine.

— C'est ça, c'est logique. Le but, c'est de dire aux gens que ces organisations véreuses ne s'intéressent ni au bien ni à l'éternité et que tout ce qu'elles veulent, c'est gagner des eurodollars ! (Katouchkine émit un petit rire.) Et ça n'est pas tout, ils ont également lancé leurs chiens de garde sur moi.

— Pour quelle raison ? Vous aussi êtes un agent étranger ? demanda Sopakhine d'un air maussade.

— Ben oui. Ils essaient de me coller la qualification d'« agent de l'étranger pour la presse ». Ils ont refusé mon accréditation pour le gala sportif… Ça s'appelle de la…

Katouchkine partit soudain d'un rire forcené, son visage se tordit comme une balle en plastique qui se dégonfle ; il se mit à caqueter, ses genoux tremblaient, ce qui attira l'attention des gens qui mangeaient. Plusieurs d'entre eux se désintéressèrent de leur assiette pour regarder avec crainte ce type qui se réjouissait bizarrement. Une femme aussi large qu'une barrique et pleine de verrues qui passait près de lui l'apostropha :

— Monsieur, tenez-vous correctement !

Instantanément, Katouchkine porta un doigt à ses lèvres comme pour montrer qu'il était d'accord pour se taire sans tarder. Il cessa enfin de trembler mais de son œil gauche, sous la ligne des lunettes, on pouvait voir couler une larme provoquée par le rire. Katouchkine saisit dans sa poche aux dimensions incroyables un mouchoir à carreaux d'une propreté douteuse. Il ôta ses lunettes et essuya son visage qui était toujours aussi rouge, comme après un coup de soleil. Sopakhine demanda :

— Mais vous recevez de l'argent de l'étranger?

— C'est bien ça le problème, répondit Katouchkine d'une voix encore altérée par le rire. Je travaille seul avec l'aide de deux types, on a un petit site indépendant. On touche de l'argent grâce au crowdfunding, qui est une sorte de porte-monnaie ouvert à tous.

— Et?

— Et il s'avère que parmi les donateurs, il y a des étrangers : une gentille dame qui vit à Odessa. Alors ils ont commencé à s'agiter, à s'énerver! Et pour quelle raison, puisqu'il y a à peine mille roubles dans ce truc? C'est-à-dire presque rien.

Katouchkine resserra le pouce et l'index et plissa les yeux pour illustrer à quel point la somme était petite. De profil, son poing ressemblait à un perroquet, avec une ouverture ovale béante pour l'œil et une huppe frétillante.

— Qu'est-ce que j'ai à voir là-dedans? Ce n'est pas moi le problème, poursuivit-il, je me demande juste pourquoi il y a tant d'excitation. Le Centre « E » s'est mis en branle...

— Ils font toujours ça, maugréa Sopakhine. Ils sont venus voir mes élèves pour leur faire la leçon. Pour qu'ils ne traînent pas sur les sites malveillants où on critique les fonctionnaires.

— Oui, en effet, acquiesça Katouchkine, ça arrive parfois. D'ailleurs ils avaient fait une liste de tous les activistes, puis ils étaient allés les voir directement chez eux pour les mettre en garde. Si vous continuez à militer, on va calmer vos ardeurs et vous foutre en prison. Militants de merde. Bande de chacals et d'abrutis…

Il se mit de nouveau à ricaner, puis, comme s'il voulait s'empêcher de parler, il se moucha avec un bruit de clairon. Sopakhine regarda du côté où la vieille dame se trouvait assise, mais celle-ci avait disparu. À sa place, l'Asiatique au tablier maniait l'éponge pour essuyer la table. Miettes, restes de thé, pâtes éparpillées – tout cela fut envoyé à la poubelle d'un seul coup.

— On prend un plateau, on avance ! ordonnait de loin la cuisinière.

Les pinces alimentaires cliquetaient comme des castagnettes dans ses mains qui, ainsi équipées, ressemblaient à des pinces de crabe. D'un geste clément digne d'une déesse de la fertilité, ces mêmes mains jetaient des boulettes de viande dans les assiettes posées devant elle. Malgré son apparence effrayante, ses gestes étaient généreux et les gens s'éloignaient l'air recueilli et bienheureux.

Katouchkine poursuivit :

— Ce que je veux dire, c'est qu'après la mort d'Andreï Liamzine, pas un jour n'est passé sans perquisitions ni suspicions. Et qui en a fait les frais ? Tout le monde, sans exception.

— Vous voulez dire que tout cet enchaînement d'événements, c'est l'œuvre d'une seule personne ? déclara Sopakhine en continuant à faire la tête.

— Pas exactement… (Katouchkine se mordait les lèvres.) Ce corbeau a plutôt donné le *la*, vous comprenez ? Et puis toute la ville a suivi. Vous savez comment ça se passe. Une sorte de mode, d'épidémie contrôlée, comme quelqu'un l'a si justement remarqué.

Alors que le journaliste prononçait cette dernière phrase, une famille apparut près d'eux, comme des champignons qui auraient poussé d'un coup. Papa-morille, maman-cèpe, bébés-girolle.

— Vous en avez pour longtemps ? aboya la mère. Les gens ne savent plus où s'asseoir et ceux-là, regardez-les, ils mangent et s'étalent sur toute la table !

L'oreille aux aguets, les autres mangeurs se tournèrent de nouveau vers Katouchkine et Sopakhine. On voyait dans leurs yeux qu'ils les jugeaient. Purée, mais c'est n'importe quoi ! Purée, mais comment ose-t-on occuper l'espace public comme ça, sans vergogne ? Alors que Sopakhine se trémoussait nerveusement sur sa chaise, Katouchkine s'adressa à la matrone :

— Du calme, ma petite dame !

Celle-ci s'apprêtait à répondre et, si son mari ne l'avait attirée vers une table qui venait de se libérer à l'autre bout de la salle, sans doute que la prise de bec eut été déplaisante. Mais la famille disparut.

— C'est quoi, ces gens ?..., dit Katouchkine en tapotant sur ses genoux. Où j'en étais ? Ah oui, le procureur Kapoustine. Que ça reste entre nous, mais je suis en train de préparer un article sanglant. Je soupçonne le procureur et la fameuse Marina Semionova de s'être arrangés entre eux. Possiblement avec des pots-de-vin, en échange de la liberté et de la tranquillité.

— Des soupçons, ce n'est pas suffisant, fit remarquer l'enseignant.

— Bien sûr, mais j'ai quelques petits documents en ma possession. On a bien farfouillé avec mes collègues. On a déjà fait une annonce sur le site de *La Sirène*. Ça concerne les actions de l'usine de boissons gazeuses. Qui appartenaient à Semionova et qui se retrouvent désormais dans les mains de Kapoustine. Abracadabra ! Et dix hectares de terrains constructibles en périphérie que possédait Semionova alors que, maintenant, la propriétaire n'est autre que la belle-mère de Kapoustine. Sauf que la ville a besoin de cette parcelle de terre pour un agrandissement, donc il va y avoir des négociations. Ensuite le dernier achat de l'épouse de Kapoustine – une montre incrustée de diamants qu'on peut voir sur son Insta. On nous a donné le prix de cette montre, tenez-vous bien ! C'est l'équivalent du revenu annuel d'un procureur... multiplié par cent.

Katouchkine ne tenait pas en place, il haletait, impatient de déverser à Sopakhine les tenants et les aboutissants de l'affaire. Mais l'autre restait de marbre. Son visage reflétait l'indifférence.

— Je dois y aller, dit-il, coupant le journaliste exalté. Je reçois un élève à qui je donne des cours de soutien. Vous savez ce que c'est.

Il repoussa sa chaise, ce qui la fit grincer, puis enfila son pauvre manteau.

— Oui, oui, je m'excuse pour le temps que je vous ai pris, dit Katouchkine en s'agitant et s'habillant à son tour. Moi aussi je dois y aller. Un monument va être inauguré dans un square pas loin d'ici, je vais passer filmer.

Ils quittèrent la cafétéria et l'odeur du bortsch, et se retrouvèrent dans l'animation de la rue. L'oxygène, soudain, leur fit tourner la tête. Les enseignes devinrent floues ; elles ressemblaient désormais à des marchandes ambulantes au verbe haut, assises des deux côtés de la route. Un petit arbre avait fait passer ses racines sous l'asphalte qui se craquelait et formait de petites bosses. Sopakhine les enjamba, comme un enfant superstitieux. Si tu marches dessus, ta mère meurt.

— De quel monument s'agit-il? J'ai perdu le fil.

— Vous n'avez pas entendu parler de cette histoire? De la statue de Pierre et Fevronia? Au début il était question d'honorer un chef de guerre dont j'ai oublié le nom. Vous êtes historien, vous devez savoir de qui il s'agit. Puis il y a eu des discussions à propos de l'installation d'un buste du dernier tsar, comme font les autres régions, alors pourquoi pas nous. Finalement ils ont décidé de mettre saint Pierre et sainte Fevronia. Avec l'approbation de l'évêque.

— Ah, les valeurs de la famille, acquiesça Sopakhine. Mais pourquoi à l'automne? Leur fête a lieu en juillet il me semble.

— Ils voulaient le faire en juillet mais ils ont traîné..., expliqua Katouchkine. Vous partez par où? Vers le carrefour? Je vous accompagne. Moi, j'entretiens des relations assez compliquées avec Pierre et Fevronia.

Pour la première fois depuis le début de leur rencontre, Sopakhine sourit. Comme pour souhaiter la bienvenue à ce sourire, un autobus, tout près, lança des bruits de trompette; sur les côtés, des jeunes étaient attroupés devant l'affiche du gala sportif à venir, leur crosse de hockey à la main.

— Quel genre de relations peut-on entretenir avec des saints? demanda-t-il.

— Je suis orthodoxe et pourtant ce couple-là ne représente rien pour moi, répondit sérieusement Katouchkine. Prenons Pierre. Son frère, prince de Mourom, c'était pas un homme mais une vraie fiotte. Toutes les nuits, un serpent de feu venait rendre visite à sa femme et s'amuser avec elle.

Mais lui s'en fichait. Pire encore, il lui conseillait d'être gentille avec lui quand il viendrait prendre du bon temps avec elle et de lui demander de quelle manière il pensait mourir.

— C'était une ruse, sinon quoi ? (Sopakhine ne comprenait pas.) C'était pour savoir comment tuer le serpent. La princesse n'était pas une traînée puisque le serpent, quand il la violait, prenait les traits de son mari.

— D'abord, je ne crois pas qu'il la violait. Simplement elle le câlinait un peu. Ensuite, justement, elle l'a vu sous son vrai jour. Vous vous rendez compte ? Passer la nuit avec un reptile pareil ? C'est la plus horrible des perversions !

— Admettons. Et Pierre, en quoi il vous dérange ?

— Pour moi, il n'a rien d'un saint. En gros... il a coupé le serpent en deux, n'est-ce pas ? Il s'est souillé de son sang, ses croûtes nauséabondes sont tombées près de lui. La lèpre, sans doute. Ensuite une sorte de guérisseuse ou d'ensorceleuse, tout droit sortie de sa campagne, s'est pointée et lui a proposé de le guérir à condition qu'il se marie avec elle. Vous imaginez ! Une sorcière intéressée ! Si elle avait été sainte, elle aurait refusé les présents, les dons, elle l'aurait soigné pour rien. Mais non. Elle voulait devenir princesse ! Et Pierre, qui n'était pas sot, a refusé de se marier avec elle. Nulle part dans les sources il n'est question de sa beauté. La Fevronia était un parfait laideron.

— Ça, il faut le dire vite ! annonça Sopakhine en rougissant.

L'air frais l'avait complètement débarrassé de son air maussade. Il faisait froid, un froid sec, le ciel était dégagé. Sur le bord de la route, la boue ne s'étalait pas, elle avait séché et formait une surface sableuse sur laquelle on pouvait repérer des marques de pneus et de semelles. Le vent faisait tournoyer les cheveux épars de Katouchkine – qui avait fini par se dérider –, il s'infiltrait dans sa bouche et lui gelait les amygdales. Il criait pour couvrir les bruits intermittents des embouteillages :

— Je dis la vérité. C'était une horrible sorcière ! Sauf qu'elle était jeune. Mais il fallait être calculatrice et scélérate pour le guérir entièrement et lui laisser, à dessein, une seule croûte. Pour que la lèpre revienne.

— Comprenez, dit Sopakhine en ralentissant le pas sur le trottoir. Elle a agi ainsi pour lui apprendre à être honnête. Sinon, le malin aurait guéri et n'aurait pas tenu sa promesse.

— Il en avait parfaitement le droit après le chantage qu'elle lui avait fait, dit Katouchkine en l'attrapant par le coude. Voilà comment elle avait présenté les choses : « Soit tu te maries avec moi, soit tu pourris de ton vivant. » Le gars était pris au piège ; il était bien content de se débarrasser d'elle ensuite. Vous vous souvenez quand son père est mort et que Pierre est devenu prince ? Les boyards se sont soulevés parce qu'ils ne voulaient pas d'une roturière en guise de princesse.

— Tout à fait. Ils lui ont proposé de la foutre dehors en lui donnant une compensation et ensuite de le marier avec une noble.

— C'est ça, et lui n'a répondu ni oui ni non. Il rêvait de l'évincer mais il craignait sa vengeance. Qu'elle le transforme en quelque chose, par exemple. C'est une histoire horrible, horrible. Devenue un modèle de famille idéale !

Ils s'arrêtèrent au rond-point, leurs chemins se séparaient.

— Allez, je vais à gauche, dit Sopakhine.

— J'étais très heureux de vous voir, on reste en contact.

L'enseignant et le journaliste se saluèrent, se serrèrent la main et partirent dans des directions opposées. Quelques mètres plus loin, Katouchkine tourna pour traverser une cour qui offrait un raccourci jusqu'au square. Les cours avaient une vie bien à elles. Près de la clôture du jardinet, un alcoolique sommeillait pendant qu'à la fenêtre, une femme étendait le linge. Des enfants traînaient dans la boue près de la carcasse d'un carrousel tout cassé.

Katouchkine passa devant des garages d'où parvenaient des bruits de mécanique – quelqu'un devait réparer une voiture en écoutant la télé. Ses jambes évitèrent précautionneusement le bord d'une flaque qui gisait là depuis une éternité et faisait des bulles. Au fond de cette flaque se cachaient des objets abandonnés : une semelle déchirée, deux pièces noircies de cinquante kopecks, des goulots de bouteille, des poignées de sacs en plastique, une corde pourrie. On avait jeté par-dessus le tout une planche chancelante. Plus loin un chemin serpentait, qui amenait dans la rue voisine. Après avoir traversé ces obstacles, Katouchkine entendit le bruit croissant et couinant d'un pas décidé, derrière lui. Puis il reçut un coup sec dans les genoux et tomba à terre. Une grosse semelle vint se placer sur son oreille. Un second assaillant l'étourdit d'un coup de botte. Sa tête s'enfonça dans la terre mouillée. Ses lunettes craquèrent.

— Qui êtes-vous ? Qu'est-ce qui se passe ? À l'aide ! hurla le malheureux, mais une nouvelle rincée lui tomba dessus et le fit se mettre en boule, comme une pelote de laine.

Essayant d'éviter les coups de pied, son corps se tordait et formait des nœuds marins dans des positions tout à fait excentriques. Ses genoux touchaient son front. Ses coudes rentraient dans son ventre. La victime faisait de la résistance, s'agitait comme un coléoptère qui se retrouve à plat dos dans la neige boueuse qui a commencé à sécher. Ses insultes devinrent des gémissements. Il se mordit la langue et hurla de douleur, ses flancs battus brûlaient. Des bulles roses s'échappaient de ses lèvres meurtries.

— Si tu continues à farfouiller dans les affaires du procureur général, espèce de fils de pute, tu vas vite disparaître. C'est clair ? T'as compris ? débita le premier.

— On va te descendre, t'entends ? Scribouillard de merde ! enchaîna le second, la bouche déformée par les grossièretés.

Au bruit que firent les haies, au cri qui fut réprimé, Katouchkine devina que quelqu'un passait à proximité.

— À l'aide ! cria-t-il d'une voix rauque, mais l'individu invisible et apeuré passa son chemin.

Les deux sales molosses n'en avaient rien à faire. Ils continuaient à frapper Katouchkine dans les côtes pour le forcer à accepter :

— Tu vas continuer à scribouiller, réponds ?

— Non, murmura Katouchkine.

Avec sa langue engourdie, il sentit un bout de quelque chose dans sa bouche. « Ça serait une dent ? pensa-t-il tout à coup. Aurai-je assez d'argent pour payer le dentiste ? » Les salopiauds continuaient à lui travailler les côtes de leurs pieds. La réalité se transforma en image floue, exempte de son. Puis l'image fut remplacée par une mire. Katouchkine était déconnecté.

— Tu vas te dédire, t'as compris, trou du cul ? Tu vas faire une vidéo d'excuses ! Et plus un seul article ! répétaient les sales gueules.

Le cri d'une femme, à ce moment-là, retentit – elle les avait remarqués et s'était mise à crier. Katouchkine reçut un dernier coup dans le dos, les yeux mi-clos, il perdit connaissance. Les malabars prirent la tangente, laissant le reporter piétiné plié de douleur.

Ils rejoignirent la rue pleine de monde et se hâtèrent jusqu'au square vers lequel la foule se pressait. Sur place, entre les têtes des citoyens, ils aperçurent la statue recouverte d'un drap. Près du socle, les caméras stridulaient. Le maire faisait son discours. On entendit les termes « fidélité » et « chasteté ». Au premier rang, des femmes mettaient, à la vue de tous, leurs enfants braillant. Après le maire, ce fut au tour de l'évêque de prendre la parole, il portait une épigonation, du côté droit.

Lorsque la respiration des deux malabars retrouva son rythme normal, la cérémonie battait son plein. Le drap tomba, découvrant les silhouettes de Pierre et de Fevronia. Sous le talon de Pierre, on voyait un serpent volant en train de mourir. Les gens applaudirent.

12

Lenotchka sortait du cinéma accompagnée de deux amies. Toutes les trois tenaient dans les mains un cylindre en carton contenant des restes de pop-corn qui craquetaient. Le personnel tendait obligeamment des sacs-poubelles ouverts et les cylindres tombaient à l'intérieur comme des grelots.

— Quelle horreur. J'ai failli me pisser dessus ! pépiait la plus petite des deux amies.

Sur les ailes de son nez suintaient des taches de rousseur enduites de fond de teint. Ses talons fins claquaient bruyamment.

— N'importe quoi ! Moi j'ai pas eu peur du tout, d'ailleurs on aurait mieux fait d'aller voir une comédie, contesta la deuxième, une brune qui essayait d'écarter sa frange qui poussait n'importe comment en soufflant dessus. Au moins on aurait rigolé.

— Ça va, il y a eu quelques scènes incroyables..., dit Lenotchka. Quand le gars se transforme en zombie et attaque sa propre mère. Vous avez remarqué comment les types de derrière se sont chiés dessus à ce moment-là ?

— Quand ils se sont mis à taper sur les dossiers de nos

sièges ? pouffa la brune. C'est juste qu'ils voulaient faire connaissance.

— S'ils avaient vraiment voulu, ça se serait passé, remarqua la petite, vexée.

Le centre commercial était encore noir de monde. Dans les vitrines, les vendeurs semblaient nager comme dans un aquarium tandis que les badauds tombaient sous le regard vide des mannequins, dont certains se trouvaient exposés sans tête. La vie les avait condamnés à vivre sous les projecteurs. Le style, c'était eux ; ils étaient là pour convaincre les gens de se faire beaux, maintenant, tout de suite. Ils les roulaient dans la farine.

— Je rêve de ce lisseur pour mes cheveux, soupira Lenotchka, en se figeant soudainement.

— Et pourquoi tu ne l'achètes pas ? ricana la brune.

— J'en ai déjà un, ça me fait de la peine de le jeter...

Arrivées près des garde-corps sous lesquels se déployaient une flopée d'escalators, elles jetèrent un coup d'œil aux étages inférieurs qui ressemblaient comme deux gouttes d'eau à ceux du dessus. Comme un reflet dans un miroir.

— Vous connaissez l'histoire horrible qui circule sur ce centre commercial ? demanda soudainement la petite.

— Non. Ça parle aussi de zombies ? ironisa la brune.

— Pas tout à fait. C'est un copain qui me l'a racontée. Une histoire qui lui est vraiment arrivée. C'était tard le soir et il avait envie de boire une petite bière, sauf que son réfrigérateur était vide. Là il se rappelle que le supermarché du centre commercial est ouvert vingt-quatre heures sur vingt-quatre.

— Celui d'ici ?

— Oui. Celui qui se trouve au sous-sol. Donc il se ramène mais il a l'impression que les choses ne sont pas exactement comme d'habitude. Le vigile à l'entrée est un peu bizarre, les caissiers aussi. Il arpente les rayons, il ne trouve de bière nulle part. Premier rayon, rien. Deuxième rayon, rien. Il regarde sur les étagères, partout. Les emballages sont vides. Il n'y a aucun produit. Il s'affole et part à la recherche de quelqu'un qui pourrait le renseigner et il cherche aussi la sortie. Rien à faire !

— Il ne trouve pas la sortie ? demanda Lenotchka d'un air effrayé.

— Elle avait disparu, point barre. Alors il se met à marcher le long du mur. Il passe cinq rayons, il tourne cinq fois – et c'est toujours la même chose. Soudain il entend une femme l'appeler de l'autre côté du rayon : « Aidez-moi ! Je suis perdue ! », il lui répond : « Avançons ensemble le long du rayon, jusqu'au bout. » Rien à faire. Les rayons ne finissaient jamais. La femme : « Voilà un mois que j'essaie de sortir de là. Et mon téléphone ne capte pas. »

— N'importe quoi ! s'esclaffa la brune. Et comment il a réussi à sortir ?

— Quand il voit le vigile, il se précipite sur lui et se rend compte que la tête du type est tellement tordue que ça ne peut pas être un homme. En effet, c'est un hologramme. Fait à l'ordinateur. Avec un trou sur le crâne. Mon pote alors lui crache copieusement dessus. À ce moment-là l'hologramme disparaît, le mur devant lui s'ouvre en deux et il passe à travers. Depuis, il n'a plus jamais remis les pieds ici.

Lenotchka se mit à rire :

— Elle fait pas peur ton histoire. Pour que ça fasse peur, il faut qu'il se passe réellement quelque chose d'incompréhensible au point que tu ne saches pas si c'est la vérité ou une vue de l'esprit. Tenez, par exemple, vous voyez la salle de jeux pour enfants, là-bas ?

— Oui, et alors?

— Un jour une femme y amène son fils de quatre ans et le laisse à sauter sur le trampoline pendant qu'elle va s'acheter un manteau, au premier étage. Quand elle revient, une heure et demie plus tard, le gamin n'est plus là. Les employés lui assurent en toute franchise qu'ils la voient pour la première fois. Et qu'il n'y a jamais eu de gamin. Elle appelle la police, qui ne la croit pas et fait confiance aux employés de la salle de jeux. «Ils oublient leurs enfants et ils veulent rejeter la faute sur les autres», voilà ce qu'ils lui ont dit.

— Et ensuite?

— Deux semaines passent, la mère est désemparée. Un jour, elle reçoit un appel d'un numéro inconnu; la personne au bout du fil lui dit : «Vous avez lancé un avis de recherche pour votre fils et nous l'avons trouvé sur le périphérique. Il était sur le bas-côté et il pleurait. On l'a reconnu grâce au portrait.»

— Et le numéro de téléphone, ils l'ont trouvé où? demanda la brune. C'est le gamin qui leur a dicté?

— Sans doute qu'ils sont passés par Google et qu'ils ont tapé des mots-clés : «perdu garçon centre commercial», je sais pas, se renfrogna Lenotchka. Donc on lui ramène son fils. Elle découvre une cicatrice sur son corps, qui traverse tout le flan. On lui fait une échographie et on voit qu'un de ses reins a disparu…

La petite grogna dans son poing :

— Si c'étaient des chasseurs d'organes, pourquoi ils se seraient comportés aussi gentiment? Ils lui enlèvent un rein et ensuite ils le recousent tranquillement? En lui laissant son autre rein. Et sa rate. Et beaucoup d'autres choses encore!

— Ce ne sont pas forcément des tueurs ni des trafiquants d'organes, juste une famille dont l'enfant est en train de mourir parce qu'il a besoin d'un rein. Et le garçon convenait.

— N'importe quoi ! ajouta la brune. Et si on allait boire un cocktail ?

Elles filèrent vers le bar qui se trouvait à l'étage et s'y installèrent, dans un coin. À part elles se trouvaient un couple d'amoureux qui sirotait un verre d'alcool ainsi qu'un groupe d'hommes d'allure douteuse.

— Rien à se mettre sous la dent, ici, fit remarquer la brune. Il faut aller à Moscou. Tous les célibataires de vingt-cinq ans sont là-bas.

— Ici, ils ont déjà du bide à trente-cinq et une flopée de marmots, lâcha Lenotchka.

La brune soupira :

— T'aimes pas les enfants ?

— C'est pas ça, je suis juste énervée, se plaignit Lenotchka. Ils m'ont rétrogradée. Je me retrouve au service des achats. Et ça, je vous le dis, c'est la lie.

— La lie, carrément ! La moitié de la ville tuerait pour avoir un poste dans ce service, fit remarquer la brune en soufflant sur sa frange qui lui cassait les pieds.

Son doigt passait automatiquement en revue la carte des alcools.

— Bloody Mary, Sex on the beach… Vous savez quoi prendre ?

— Moi, j'ai eu une expérience de sexe sur la plage, avoua la petite sans qu'on lui ait rien demandé. C'était en Turquie, pendant les vacances. Si vous aviez vu ce Turc, les filles ! Il avait des yeux immenses. Chaque jour il me faisait un nouveau compliment. « Mon cœur, il disait, arrête de battre quand tu n'es pas là. » Vous imaginez ?

— On l'a déjà entendue, cette histoire, soupira Lenotchka avec un geste de rejet. Moi, je prends une Piña Colada. Quoique vu mon humeur, je pourrais directement choisir une vodka...

— Oh ! s'anima soudain la brune, on m'a parlé d'un cocktail, un truc de fou. C'est ma cheffe qui a goûté ça au Cambodge : de l'alcool de riz à la tarentule, vous imaginez ?

— À l'araignée ?

— Carrément ! En plus ils la tuent devant vous et ils vous en donnent une autre pour goûter. Et tout ça coûte trois dollars.

— Non, pour moi ça sera un bon vieux Mojito, s'il vous plaît, dit la petite en faisant la grimace.

Quelques minutes plus tard, le serveur au visage vérolé leur apportait la commande. Sur le bord du verre de Lenotchka, il avait accroché une demi-tranche d'ananas. Ses lèvres attrapèrent la paille.

— Je n'ai pas vu mon Viktor depuis quelques jours déjà.

— Et pourquoi ? s'intéressa la brune.

— Il dit qu'il est très occupé, il répond à un message sur deux. Hier je lui ai écrit « Fais de doux rêves », il m'a répondu « Toi aussi. » Avec un point.

— Sans smiley ? demanda la petite.

— Sans smiley et sans cœur. Sans rien du tout. Hyper sèchement.

La voix de Lenotchka était complètement éteinte, abattue.

— Avant ça, on était convenus de se retrouver après le travail. À dix-huit heures il me dit qu'il est retenu, qu'il me tient au courant d'ici quarante minutes. Et puis plus rien. Une heure après je lui écris pour demander ce qui se passe. Il ne lit pas le message tout de suite. Et quand il le lit, il ne répond pas.

— C'est pas normal..., prononça d'une voix traînante la petite, avec une sorte de joie mauvaise à peine perceptible.

— Vingt minutes plus tard il écrit : «Chaton, je sais pas à quelle heure je pourrai me libérer, je te tiens au courant.» Je fais quoi dans ce cas? Vous pouvez me le dire? Je m'étais pomponnée, j'avais mis une robe et je me suis retrouvée le bec dans l'eau. Dans le vent. J'ai traîné dans un café jusqu'à dix heures du soir, j'espérais toujours qu'il se manifesterait. Et je me suis bu un litre de thé.

— Et ensuite?

— À dix heures du soir je suis toujours à me lamenter et je reçois : «Comment ça va de ton côté?» J'imagine qu'il se réveillait. Alors je lui envoie : «Je suis avec des amis, on s'amuse.» Pour pas qu'il s'imagine que je suis seule à déprimer.

— Et qu'est-ce qu'il a répondu?

— «Du coup ils pourront te ramener. Moi je suis hyper fatigué. Je vais prendre une douche et me coucher.»

Le visage de la brune se remplit d'inquiétude :

— Il n'est pas venu te chercher?

— Non. Il a fallu que je paie un taxi parce que rentrer seule à pied dans mon quartier, à minuit, c'est pas top... Le pire, c'est que je suis tombée sur un métèque complètement débile qui a tourné une heure autour du pâté de maisons juste pour que je lui file mon numéro...

Le téléphone de Lenotchka bipa; elle se rua dessus et approcha l'écran de son iris dégoulinant que la lumière illumina.

— Non, c'est pas lui, annonça-t-elle avec tristesse. C'est ma mère.

— Qu'il aille se faire voir, ton Viktor, dit la petite en faisant la grimace. C'est un mec du genre « je tire mon coup et je m'en vais ».

— Non, pas du tout, protesta Lenotchka, c'est juste qu'il est très occupé. Leur cellule a beaucoup de dossiers à traiter. Et puis il m'a appelée « chaton ». C'est tendre, non ?

— « Chaton-mon-con »..., baragouina la brune. Qu'il aille se faire voir. Il fait ce qu'il veut de toi et ça le met en valeur. Bref, un connard.

Un des types du groupe bizarre se leva de toute sa hauteur. Il était longiligne et faisait penser à un rabatteur de théâtre ambulant monté sur échasses.

— Tolia, s'écria Lenotchka. Je t'avais pas vu.

Tolia se balançait d'un pied sur l'autre en acquiesçant. Son énergie habituelle avait disparu. Ne restaient que des mouvements chargés d'inquiétude. Ses mains trahissaient une certaine angoisse.

— Tu veux t'asseoir ? demanda Lenotchka.

Tolia s'assit. Ses comparses l'observaient depuis le fond de la salle en rigolant.

— Salut, dit-il d'une voix sourde. Ce sont des copines à toi ? Je m'appelle Tolia.

Ils firent connaissance. Une fois qu'elle se fut présentée, la brune aspira profondément les dernières gouttes de son cocktail qui glouglouta bruyamment. Elle fit un signe au serveur avec deux doigts, ce qui voulait dire de lui apporter un deuxième verre.

— Ils m'ont libéré sous caution et sans préavis.

— Pour combien de temps ?

— Jusqu'au procès. J'espère être acquitté.

— Mais qu'avez-vous fait concrètement ? demanda la petite.

— J'ai posté une photo de ma supérieure sur ma page, bredouilla Tolia.

— Ah ah ah ! Et du coup elle a fait le tour de la Toile, remarqua froidement la brune. Tout le monde l'a repostée, cette photo.

— Tolia l'a photoshoppée. Sur la photo originale, elle tient un fouet dans la bouche et sur celle de Tolia, c'est une croix. Pour eux, c'est un blasphème.

— C'est pas vrai, Lena, c'est pas moi qui ai utilisé Photoshop. Je ne sais pas qui c'est d'ailleurs. J'ai vu ça sur la page de quelqu'un que je connaissais et je l'ai repostée, c'est tout.

— « D'abord on porte la croix et ensuite on la suce », c'est bien ton style, ça, non ? insista Lena.

— Qu'est-ce qui te fait dire ça ? Je te dis que c'est pas moi.

Tolia fronça les sourcils. Hier encore, Tolia était un bon vivant. Son oncle fricotait avec les gros bonnets de la région : depuis l'enfance il était l'ami d'une « personne très importante », proche du gouverneur. Cette personne avait offert à son oncle un bout de terrain sur un site protégé et cet oncle, devenu garde forestier, ne cessait d'y recevoir des invités de marque – anciens sportifs, agents de sécurité, bandits, hommes de main, magnats, racketteurs et richards en tout genre qui s'étaient transformés, en fonction des aléas de leur fortune, en généraux, ministres ou autres officiers aux commandes de l'État. Le gouverneur local, autant que les inspecteurs de Moscou, prenaient plaisir à venir se détendre chez lui et profiter des bienfaits naturels que leur offrait la patrie.

Ils pêchaient et chassaient des oiseaux aussi bien que des élans, des lièvres ou des sangliers, traînaient leurs carcasses dans la neige blanche qui se revêtait de sillons bordeaux foncé, pendant que les chiens tournaient frénétiquement autour d'eux en se léchant les babines. Ils s'employaient ensuite à faire du feu tandis que l'équipe des cuisiniers dépouillait, débitait et découpait le gibier ; l'oncle de Tolia préparait le *bania* et installait les chasseurs et pêcheurs fatigués sur des planches de tilleul toutes chaudes. Sous leurs têtes blondes, il déposait des branches de genévrier pour ses vertus curatives, puis il fouettait leurs dos et leurs cuisses bien entretenus avec des branches de bouleau. Tolia, son neveu chéri et favori, s'occupait d'envoyer la vapeur. La louche arrosait allègrement les braises. Les invités soupiraient et en redemandaient. L'un d'entre eux, alors, poussait un cri primitif et courait plonger dans la piscine d'eau glacée ; ça piquait, ça cuisait, ça décoiffait. Pendant ce temps, dans la salle attenante, on préparait un repas de fête, la vodka chantait dans les verres à liqueur, les écrevisses rougissaient, les filles batifolaient. Rondes comme des faucilles, leurs poitrines saillaient sous le tissu mouillé.

C'est justement là qu'Andreï Ivanovitch Liamzine – coiffé d'un bonnet en feutre, les mains rendues collantes par quelques exosquelettes chitineux et la poitrine dégoulinante de sueur après le séjour dans le *bania* en bois de conifères – avait remarqué la présence et l'habileté de Tolia qu'il surnomma à part soi « l'helminthe ». C'est là aussi que l'oncle avait convaincu Andreï Ivanovitch de placer son neveu au ministère.

La chose fut faite. Et Tolia commença à traîner dans les rassemblements et les congrès pour la jeunesse. À Moscou, il rencontra des chanteurs célèbres et des gens haut placés au sein du gouvernement, mais tandis qu'eux se trouvaient sur la scène, Tolia se tenait dans la foule des nigauds qu'on avait fait venir des régions et des confins du pays et qui hurlaient aussi fort qu'ils pouvaient :

— Oui, oui, oui!

Tolia se retrouva avec une Mercedes. L'oncle parlait déjà d'une fiancée qu'il lui avait dégotée – la fille de la fameuse personne très importante, diplômée à l'étranger et reine d'Instagram. Tolia se pourléchait des hauteurs et des grâces que le destin allait bientôt lui accorder. Cependant, peu de temps avant la mort d'Andreï Ivanovitch, la personne très importante fut accusée d'avoir dépensé un milliard de roubles publics. L'oncle se retrouva alors sans mécène et toucha le fond. Le mariage fut remis à plus tard. L'épée de Damoclès était suspendue. Le domaine était menacé. Les ardeurs de Tolia furent calmées.

— J'ai longuement réfléchi à la situation avant de comprendre, déclara soudain Tolia. C'est Marina Semionova qui m'a dénoncé.

— Non! s'agita Lenotchka.

— Semionova? La fameuse? s'enquit la brune en attrapant sa deuxième Margarita.

— Qui d'autre? D'abord, je le sais parce qu'on me l'a rapporté, elle m'a vu avec Andreï Ivanovitch et elle m'a surnommé «le gringalet empoté». Je lui plaisais pas, je sais pas pourquoi.

— Personne ne lui plaisait de toute façon, lança Lenotchka.

— Parce qu'elle n'aime qu'elle-même, sûrement. C'est comme ça. Et il s'est passé autre chose aussi. Un jour, il y a longtemps, au restaurant, j'ai vu Andreï Ivanovitch attablé avec elle; ils étaient loin de moi. Bon. Tout le monde savait qu'ils entretenaient une relation, ça n'était un secret pour personne. Seulement voilà, ils ont commencé à se disputer, elle a pris sa serviette et lui a balancé dessus. Paf, en plein dans le nez !

— Oh !

— Je te jure. Ensuite elle a poussé sa chaise en faisant du bruit, elle s'est levée, elle a crié quelque chose et puis elle a glapi. Bref, une hystérique. Sauf que moi j'ai tout filmé sur mon téléphone.

— Fais voir ! cria Lenotchka.

— Ouais, justement je l'ai fait voir à quelqu'un et la mégère m'a remarqué. Un homme de Liamzine buvait du thé, des litres de thé, dans un coin, il avait une sale gueule. Elle me l'a envoyé. Pour que je supprime la vidéo. Je l'ai supprimée.

— Et elle ?

— Elle est partie et Liamzine est resté. Comme j'étais mal à l'aise, j'essayais de ne pas regarder dans sa direction. C'est mon supérieur malgré tout. Et il se retrouve dans cette situation incommodante, rabaissé. Où je voulais en venir ? Elle a une dent contre moi, voilà l'histoire.

— Elle aime bien chipoter pour un oui et pour un non..., maugréa la brune.

— Et le plus hallucinant, se pressa d'ajouter Tolia, c'est que c'est arrivé la veille de la mort d'Andreï Ivanovitch.

Lenotchka s'embrasa. Ses cheveux blonds et fins se chargèrent d'électricité. Le courant produisait des étincelles. Un arc de cent ampères se courba au-dessus de ses épaules. Le poison, accumulé dans une petite poche cachée sous sa langue rose, jaillit :

— Moi aussi je suis sûre que c'est sa faute ! Réfléchissez : on dénonce, on fait chanter, et pendant ce temps, c'est qui la patronne ? C'est elle. Sans compter qu'elle n'est pas toute blanche, non plus, avec la mort de la femme d'Andreï Ivanovitch, qui s'est glissée dans la baignoire parce qu'elle était en pleine dépression alors que pendant ce temps, la pouffiasse se prélassait au théâtre et se pressait dans les soirées. Elle ne l'aimait pas, Liamzine !

Une boule se forma dans la gorge de Lenotchka tandis que la paille de son cocktail voletait dans le verre et cherchait à fouetter son menton. Le barman regarda d'où provenait le bruit tout en caressant les robinets à bière comme de petits chiots.

— Je la déteste, déclara Lenotchka d'une voix enrouée.

— Elle a déjà un nouvel étalon, fit remarquer Tolia.

Il jeta un coup d'œil à ses comparses, mais ceux-ci l'avaient déjà oublié et se marraient en regardant l'écran plat et silencieux accroché au-dessus du bar sur lequel on voyait des pieds chaussés de crampons courir sur une herbe vert foncé toute fine. Une dizaine de jambes, empêtrées les unes dans les autres, faisaient la culbute sur le sol, comme un mille-pattes. L'arbitre sifflait et les visages des footballeurs se tordaient de désespoir. Les tribunes hurlaient en silence. Le ballon avait franchi la ligne de touche.

— C'est qui ? C'est qui ? s'emballa la brune d'un air moqueur. Avec qui elle sort, maintenant ? Avec le gouverneur ?

— Avec Kapoustine, à ce qu'il paraît, dit Lenotchka en clignant de l'œil.

— Pas du tout ! Je les ai vus de mes propres yeux. Dans l'ascenseur de ce restaurant, toujours le même.

— Encore au restaurant ? Mais vous êtes plein aux as ! dit la brune en souriant.

— Mon oncle m'avait invité, disons plutôt qu'il avait invité son avocat. Nous étions là tous les trois afin de parler de mon affaire. Je me suis levé pour aller aux toilettes pour la petite commission – pardon pour ce détail. Les toilettes sont tout au fond de la salle, et on y accède en passant à côté des salons VIP. Dans le couloir se trouve un ascenseur indépendant qui est justement réservé à ceux qui utilisent ces salons. Donc je pénètre dans ce couloir et, juste à ce moment-là, l'ascenseur s'ouvre. Semionova est à l'intérieur. Mais elle n'est pas seule. Je la vois en train d'embrasser quelqu'un.

— D'embrasser quelqu'un ! couina la petite.

— Mais qui donc ? haleta la brune.

— Kapoustine ? dit Lenotchka en riant.

— Pas du tout ! Un gars ! Un jeune ! Et cerise sur le gâteau : ils restent debout à se suçoter sans même penser à sortir de l'ascenseur. Moi je ne veux pas rater le coche et je lance la caméra de mon téléphone sauf que je n'arrive à filmer que trois secondes. Le début est flou mais après j'ai pu faire le point. Et hop !

Tolia jubilait. Avec ses mains, il se mit à tambouriner sur la table un rythme inconnu aux accents de triomphe.

— Et pour quoi faire ? Vous vous prenez pour un paparazzi ? Pourquoi vous bloquez sur elle ? insista la brune, sa frange qui trempait dans le cocktail ressemblait à une stalactite gluante.

— Comment ça, je bloque sur elle ? (Tolia avait haussé le ton.) Je suis innocent et on mène une enquête sur moi. Alors qu'elle est une voleuse et une fraudeuse qui traîne avec des prédateurs, putain, et tout va bien pour elle. Et elle s'est trouvé un petit poulet de merde.

— Montre-moi la vidéo au moins ! s'emporta Lenotchka.

Tolia sortit le téléphone de sa poche et se mit à agiter ses doigts sur l'écran. Des icônes se mirent à clignoter, un dossier s'ouvrit puis une vidéo embrassa tout l'écran et démarra. Les fronts des copines vinrent se cogner les uns aux autres et restèrent collés. Toutes les trois fixaient les amants enlacés. Semionova portait un manteau en peau de jaguar, ses cheveux étaient maintenus en hauteur et des boucles anglaises retombaient sur ses tempes tandis qu'elle cédait aux avances de son bon ami et que celui-ci mordait avidement son cou, le visage caché dans le col en jaguar. Pendant une seconde l'image devint floue, puis de nouveau claire, et le matou de Semionova, pénétré d'importance, rejeta la tête en arrière et écrasa ses lèvres sur celles de la dame. Ses cheveux en épi couleur des blés débarrassèrent son front, découvrant son beau profil. Lenotchka se rendit compte avec horreur que ce donneur de baisers inconnu n'était autre que son cher et tendre Viktor...

Des souvenirs d'enfance resurgirent. L'été battait son plein, les pissenlits fleurissaient. Le duvet des pissenlits et des peupliers s'envolait à toute allure, bouchait le nez et recouvrait le sol comme des graines de coton ou des cocons floconneux qui contiennent des papillons en devenir. Lenotchka avait pris des allumettes puis était descendue dans la cour, là où les enfants venaient jouer, pour brûler le tapis poilu. Des flammes bleues l'avaient parcouru, laissant derrière elles les traces noires des parties brûlées.

Une fois, il s'était trouvé parmi tous les enfants une petite fille, sa voisine. Elle revenait de chez sa grand-mère, à la campagne, et portait une robe bouffante particulièrement délicate, qui ressemblait à un nuage. La fillette jactait sans discontinuer en tournant dans tous les sens comme une petite chèvre. Une plume de duvet vint se coincer dans ses cils. Son œil se mit à pleurer et elle ne parvint pas à la retirer avec la main. Parce qu'à la place de la main se trouvait un moignon. Un moignon bandé. Plus tard, la maman de Lenotchka avait expliqué que le chef de la police d'arrondissement avait été obligé de lui arracher la main parce qu'elle avait pris des bonbons dans le présentoir. Une peur tenace s'était installée dans le cœur de Lenotchka.

Une autre fois, alors qu'elle faisait de la balançoire au parc, son père était venu la chercher. Un brin éméché, il tanguait. D'humeur joviale, il avait acheté à un vendeur ambulant un énorme nuage de barbe à papa couleur framboise toxique. Alors qu'ils passaient à proximité de la gare, il eut envie de jeter un coup d'œil dans le bar miteux devant lequel ses anciens compagnons de bouteille chahutaient gentiment. Les ongles de leurs mains, qui caressaient la tête de Lenotchka, étaient noirs de crasse. L'un des ivrognes sortit de la poche de son pantalon un grain de sucre blanc raffiné qu'il lui tendit avec une révérence sophistiquée. Dans le bar, ces anciens bâtisseurs du socialisme s'agglutinaient près des tables hautes sur lesquelles des chopes jaunes étaient remplies d'une boisson à base de malt dont la partie supérieure débordait d'un chapeau de mousse.

Lenotchka voulut entraîner son père vers la maison, mais celui-ci préférait boire et déblatérer des injures. Tout autour, elle n'entendait que des rires gras et des formules disgracieuses. Pour échapper à l'angoisse qu'elle sentait poindre, elle sortit sur le perron où traînaient une bande de jeunes garçons errants qui fumaient. Ils se mirent à regarder Lenotchka et à l'interpeller avec force ricanements. Le plus déglingué d'entre eux, coiffé d'une chapka crânement inclinée vers l'avant, ne quittait pas son petit sac rempli de colle qui respirait avec lui et se gonflait, comme une grenouille prête à l'attaque.

— Alors, papa t'a laissée tomber ? lui cria-t-il. Tu vas venir vivre avec nous, dormir sur les canalisations.

La peur fit claquer les dents de Lenotchka.

Une autre fois encore, Lenotchka se trouvait avec sa

maman dans un bus bondé. Des fesses et des sacs pointus écrasaient son visage. De l'un de ces sacs saillaient des ciseaux de cuisine et des boîtes de petits pois. La foule beuglait. Au-dessus des têtes tournoyaient les tickets qu'on faisait passer d'un côté à l'autre pour payer son trajet. Soudain quelqu'un serra fortement la main de Lenotchka, mais elle ne put voir de qui il s'agissait. Son cœur se mit à battre très vite, la panique figea ses doigts prisonniers de cette main étrangère et elle ne trouva pas le courage de crier, d'appeler sa maman. Elle fut contrainte alors d'entrer en contact avec la fermeture éclair métallique d'une braguette et de fourrer ses doigts dans quelque chose de mou, de répugnant, de poilu.

— Lena, on descend ! hurla maman en la tirant par l'épaule.

Tout autour, des corps l'écrasaient, des coudes pointus la serraient comme dans un pressoir. Un instant encore, la main de Lenotchka s'agita dans son horrible piège avant de recouvrer enfin la liberté. Les doigts s'échappèrent de l'emprise sordide et le flot de passagers emporta Lenotchka à l'extérieur du bus. Sa main violée lui semblait désormais moche et répugnante. Elle aurait voulu pleurer mais avait une peur bleue de sa mère qui lui aurait sans doute assené un bon coup de pantoufle, si elle avait eu vent de cette histoire.

Aujourd'hui, en regardant Viktor embrasser Marina Semionova, la même sensation l'envahit : une nausée assortie de fourmillements.

— C'est Viktor, dit-elle.

— Quel Viktor ? demanda Tolia.

— Viktor ! Viktor ! Viktor, quoi ! hurla Lenotchka en repoussant Tolia avant de sortir en courant du café.

Son verre de cocktail se brisa en mille morceaux en s'écrasant sur le sol.

— Hé ! cria le barman. Elle a pété les plombs ou quoi ? Qu'elle paie pour le verre !

Toutes les personnes présentes dans le café se tournèrent pour regarder, par curiosité. La petite suivit Lenotchka en faisant claquer sa langue, laissant Tolia désorienté, seul avec la brune.

— Attends ! Lena, attends !

Mais déjà Lenotchka se précipitait dans l'escalator en percutant les gens qui pestaient contre elle. Le manteau qu'elle avait jeté sur ses épaules battait des pans. Son sac fouettait ses genoux. Elle se rua sur la porte tambour et se retrouva dans une rue que la nuit tombante auréolait de mystère. Quelques façades étaient éclairées par en dessous. C'était la rue Tsentralnaïa. Les gens se baladaient en famille, on entendait de la musique. Lenotchka avait peur.

13

Par trois fois déjà, l'intendant du musée régional des Arts figuratifs, une canaille, avait touché des primes quand des travaux avaient été effectués. Aujourd'hui, bien qu'il criât à tue-tête que le parquet avait été refait, les lattes couinaient comme des coqs enrhumés, deux d'entre elles en particulier qui se trouvaient à l'entrée de la grande salle affectée aux expositions temporaires. À chaque passage de talon, cet insupportable couple de planches poussait des hurlements de chiens battus. Aujourd'hui justement, les talons affluaient, on inaugurait l'exposition du peintre portraitiste Ernest Pogodine. Au fond de la salle, un violoncelliste et deux violonistes enchantaient l'espace de leurs mélodies ; sur les caisses de résonance vernies de leurs instruments se détachaient des ouïes noires en forme de « f » pendant que les archets se levaient d'un air endormi et semblaient s'étirer comme on le fait au réveil.

— Je vous en prie, entrez ! annonçait tout agitée la directrice du musée, une femme à l'aube de l'âge mûr, frisée comme un mouton.

L'émotion avait fait apparaître sur la fossette de sa lèvre supérieure – l'empreinte de l'ange – des gouttes de sueur qui luisaient.

Au centre de la salle, sur la longue table qui faisait penser à un intestin, on avait aligné des verres en cristal, comme des soldats. Dans leurs ventres transparents et fins, des bulles de gaz carbonique folâtraient. On servait du champagne.

Les tableaux, inclinés et vacillants au bout d'un épais cordon, regardaient les gens par en dessous. Pareils à une escadre de navires militaires, ils semblaient émerger de la surface du mur de plâtre ; leurs cadres baroques brillaient comme des fûts de canon. Sur l'un des portraits, on voyait le ministre local des Affaires intérieures à moitié de profil, plissant des yeux, vêtu d'un costume à la Koutouzov. Deux décorations s'enchevêtraient sur sa poitrine, la poignée de son épée dépassait sur le côté. Sur un autre, c'était la femme du gouverneur qui trônait dans une pose digne de la princesse Ioussoupov ; elle tenait un drôle de spitz sous son bras gauche et portait un ruban noir autour du cou.

De chaque toile, des fonctionnaires, des chanteurs ou des sportifs vous regardaient ; ils étaient vêtus d'uniforme de l'armée de terre ou de la marine, tandis que leurs femmes et leurs enfants portaient des tournures et des robes de bal de l'époque prérévolutionnaire. Au centre de la salle, une toile monumentale, gonflée de triomphe comme un monstre fantastique qui veut impressionner, représentait le président russe sous les traits du tsar pacificateur Alexandre III monté sur un cheval blanc et accompagné de sa suite dans laquelle se détachait le gouverneur de la région, sur un cheval gris pommelé, avec des épaulettes de général qui scintillaient sous le soleil pendant qu'une cocarde irradiait crânement sa couleur blanche et que de la poussière tournoyait sous les sabots.

Pour l'occasion, Ernest Pogodine était venu, allez savoir pourquoi, sans sa canne et vêtu d'un caftan damassé couleur or sous lequel on devinait une chemise russe et un sarouel turc. Pour l'accompagner, il avait choisi une grande perche dont les jambes merveilleuses ne mesuraient pas moins d'un mètre cinquante et faisaient saillie à chacun de ses pas, entre les fentes d'une robe rouge profond.

— Anguelina, future actrice, disait Pogodine lorsqu'il présentait la jeune femme.

Tout le monde savait que Pogodine s'était marié cinq fois et qu'il avait des dizaines d'enfants dans différentes villes, nées de rencontres d'un soir. Sa dernière épouse s'était enfuie, ne supportant plus ses créations artistiques. Pogodine l'obligeait, disait-on, à utiliser, pour couvrir le lit conjugal des taies, des housses de couette et des draps tout à fait particuliers sur lesquels avait été imprimé, dans le cadre d'une commande spéciale, un portrait d'elle peint par lui. L'épouse redressait les oreillers et s'en allait. Une volée de jeunes et torrides naïades venait alors sauter sur la couche. Et pendant que Pogodine, tel Dionysos, profitait de la vie sur le portrait de sa femme, cette dernière traînait sous les fenêtres, attendant docilement la fin de l'orgie.

Un micro au son grésillant lança soudain des cris de bêtes. Les invités bouchaient leurs oreilles pendant qu'on essayait de corriger le scélérat. Le ministre de la Culture s'approcha d'un pas sautillant. Ses mollets pleins d'énergie tremblotaient. Ses épaules gonflées dégageaient de la force. Ses yeux firent le tour de la salle avec une fierté hardie : ici la directrice du musée postée tout devant, pleine d'amour pour lui ; là des journalistes des gazettes locales, déjà acquis à sa cause, dont les chemises trempées de sueur étaient tendues à cause du harnachement qu'ils portaient ; ici les visages de bouledogues des fonctionnaires qui s'inclinaient profondément devant la grandeur des portraits ; là des amatrices d'art, partout, toujours présentes, qui n'étaient plus de la première jeunesse.

— Ernest Pogodine, c'est notre Dalí à nous, commença par dire le ministre, il est notre miroir et notre chroniqueur. (Comme un Pégase, le discours du ministre prenait de la hauteur.) C'est le triomphe de l'originalité... Une peinture à la fois mystérieuse et précise... Une personnalité haute en couleur... Désormais le Metropolitan et le Louvre nous le jalousent sans doute... Je suis heureux de vivre à la même époque qu'Ernest Pogodine, conclut le ministre.

Il constata que son propre portrait, accroché sur le mur latéral, le regardait : il enviait son original. Sur cette toile, le ministre portait une perruque à la Lomonossov et une camisole rouge, et tenait une plume d'oie. À côté de lui, on pouvait voir l'arceau noir d'un globe terrestre. Il écrivait à quelqu'un qui le lirait plus tard, prévoyant, au milieu de la tempête, le renouveau de la Russie.

Le ministre fut applaudi. À sa suite, la directrice du musée remonta le courant jusqu'au micro. Les accroche-cœurs qu'elle portait s'enroulaient en spirale, chacun d'eux contenait un mystère de la vie : l'Univers, la Voie lactée, l'énergie comprimée, la lumière au bout du tunnel, la vieille Lune et la Lune montante, les crêtes papillaires, les tornades montantes et descendantes... Le discours de la directrice grouillait de remerciements. La gratitude à l'égard du ministre débordait de toutes parts comme la pâte au levain déborde de son récipient. On avait ajouté du sucre, du caramel, de la noix de muscade, de la cardamome, de la cannelle et du sirop. Ça sentait comme dans une pâtisserie où l'on prépare des baklavas. Ça suintait le beurre coulant et le miel.

— Et bien sûr, bêla-t-elle, c'est pour nous un immense

honneur que d'accueillir les tableaux du grand Ernest Pogodine.

Le nom du peintre fut prononcé d'une voix perçante. De nouveau le micro se mit à jacasser, éclaboussé par les interférences. Les applaudissements furent couverts par la voix d'une personne qui arrivait derrière et criait, pleine de colère.

— C'est une escroquerie ! Une arnaque !

Les invités s'écartèrent pour laisser la place au perturbateur d'âge avancé, avec une maigre barbiche poivre et sel, qui se retrouvait au centre de l'attention.

— Qu'est-ce qui ne vous convient pas ? demanda le ministre en souriant.

— On se fout de la gueule du monde ! Vous savez combien coûtent les billets pour cette exposition ? Un argent fou !

— Comment a-t-il réussi à pénétrer ici ? Qui a laissé un SDF entrer à l'inauguration ? grogna Pogodine.

La directrice, jambes écartées comme un gardien de but qui cherche à attraper la balle, appela la sécurité. Mais le ministre avait envie de s'amuser un peu, alors il se mit à tarabuster le vieil homme :

— Et alors, mon cher ? Ça vous dérange de mettre la main à la poche pour le bel art ?

— Je suis peintre ! gronda-t-il. Et ces choses-là ne sont pas des tableaux ! Non seulement c'est de la merde, mais en plus ce sont des copies !

Un murmure parcourut la salle.

— Les originaux, ce sont les propriétaires qui les ont, hurla le fauteur de troubles. Ici, c'est carrément n'importe quoi ! Ça, c'est du papier, on peut dessiner dessus. D'ailleurs je vais tout de suite tracer un X sur ce prétendu tableau !

À la manière d'un guerrier, le futur vandale s'approcha du plus grand des tableaux. Pogodine s'élança à travers la salle, les surveillantes se précipitèrent, les agents de sécurité accoururent au galop et le malheureux peintre fut saisi et honteusement raccompagné.

— Voyous ! s'égosilla-t-il en sortant du champ de vision.

— Des jaloux ! Il y en a plein autour de nous, se désola Pogodine tandis que les saphirs flamboyaient sur son peignoir doré.

L'auditoire rouspétait. Les journalistes se frottaient les mains. La perche regardait partout, les yeux écarquillés et la bouche grande ouverte en forme de O.

— Oh ! semblaient dire ses lèvres pulpeuses. Co-co-co. Ro-co-co. No-no-no.

Les cordes se remirent à grincer. Les verres de champagne passaient d'une main à l'autre, à proximité des toiles, comme les flambeaux d'une procession nocturne. Le ministre de la Culture serra sincèrement la main du roi de la fête et prit congé. À sa suite, les livrées des domestiques se volatilisèrent. Les journalistes étaient attroupés autour du héros de l'exposition. Pogodine fanfaronnait. Ses poings se posèrent sur ses hanches flamboyantes, son corps formait la lettre « phi ».

— Grâce à moi, toute la grandeur d'une époque passée et moquée est de retour parmi nous, commenta-t-il. J'enlève la poussière accumulée par les siècles. Sous mon pinceau, la Russie authentique renaît. Et revêt de nouveaux visages. Des visages pleins de vie et de modernité ! Il ne s'agit pas de simples portraits mais d'une partition avec laquelle le futur historien pourra jouer la symphonie de notre époque et parler des personnes illustres de notre ville, de notre région, de notre pays, qui ont participé à sa prospérité.

— Dites-moi, pourquoi ne voit-on pas ici de portrait d'Andreï Ivanovitch Liamzine ? s'intéressa un journaliste.

Pogodine sembla irrité et toussa.

— De grâce ! dit-il d'une voix rocailleuse. Je ne peux pas exposer l'ensemble de mes travaux. J'en compte trois mille. De plus, cette toile se trouve dans une maison qui est désormais orpheline. Qui a perdu ses deux propriétaires.

— Donc, ce ne sont pas des copies qui sont accrochées ici ? demanda timidement le journaliste.

— Des copies ? Vous avez perdu la tête ? s'enflamma Pogodine. Vous accordez du crédit à ce que racontent les zonards, les ratés, les débauchés ? N'avez-vous donc pas vu que ce bandit a voulu s'en prendre à l'une de mes toiles ? Et savez-vous qui est représenté dessus ? Vous rendez-vous compte ? C'est une atteinte à... à ...

Sa phrase resta en suspens, les forces l'avaient quitté, ses narines s'ouvraient. Les journalistes se turent et un silence gênant s'abattit sur la salle.

Une jeune fille de la presse écrite reprit le dessus en approchant un dictaphone de la bouche de Pogodine :

— Mais où puisez-vous l'inspiration pour créer de si belles œuvres ? Et de quelle manière ?

Le peintre s'adoucit.

— Mon enfant, viens donc par ici, dit-il en faisant un signe de la main à son acolyte qui se tenait loin de lui, un verre à la main. Viens donc par ici. Cette femme m'inspire beaucoup. Voici Anguelina. Future actrice.

Anguelina bouta sa jambe vigoureuse hors de la fente de sa robe, permettant ainsi à toutes les caméras de la filmer avec concupiscence, de bas en haut, commençant par le bout de sa Louboutin, passant par sa cheville et son genou souple, puis continuant à monter vers ses cuisses ondoyantes qui s'échappaient dans les plis de sa robe ; elle ressemblait à une tige de haricot qui traverserait un nuage rouge.

Les caméras, une fois qu'elles eurent bien profité du paysage, se tournèrent vers les murs pour saisir les invités du vernissage qui s'adonnaient à une activité trépidante et intime : contempler les représentations du monde.

— C'est ressemblant, disaient les uns.

— C'est pas ressemblant, affirmaient les autres.

Quelqu'un passa son bras autour de l'épaule de Pogodine en signe de camaraderie. Pogodine connaissait le type en question, coiffé comme un hérisson, c'était celui qui portait l'insigne du GTO lors de l'anniversaire de Marina Semionova. Il était tout occupé à avaler son vin mousseux.

— Je vous félicite ! Vous êtes un génie !

— Moi, je suis le génie et elle la muse, acquiesça le peintre en présentant Anguelina, dont le mouvement répété des cils – qui avaient subi une extension avec des poils de zibeline à la clinique de soins esthétiques Le Basilic – indiquait qu'elle commençait à s'emmerder.

Elle attendait avec impatience que des choses se passent : le banquet puis le comité réduit, les cadeaux en or et les présentations des jeunes écervelés et des stars de la ville ; mais elle ne souhaitait qu'une chose, c'était se tirer de là.

— C'est divin, c'est divin..., dit le petit homme pour donner son approbation, tout en faisant un clin d'œil à Pogodine.

Son agitation, cependant, restait visible. Il semblait tout électrisé. De la poche de sa veste, on voyait poindre négligemment un journal.

— Qu'est-ce que vous avez là ? demanda Pogodine en montrant le journal. Ça parle de moi ? Ou de mes tableaux ?

— Non, dit le petit homme en se mettant à gesticuler. C'est autre chose que j'ai là, une vraie bombe !

Dans son excitation, il éclaboussa de champagne le journal enroulé, qui se trempa et devint plus foncé. Pogodine sourit :

— Tu savais que les Français avaient inventé un papier journal qui ne prenait pas l'eau ? Pour pouvoir le lire au déjeuner et au petit-déjeuner. Tu fais tomber un œuf au plat dessus ? Pas grave ! Tu renverses du café ? Pas grave ! Le papier résiste à tout. Alors que ceux-là, dit-il en fourrant son doigt dans le cou dénudé d'Anguelina, ils ne savent même pas ce qu'est un journal. Hein, mon enfant, n'ai-je pas raison ?...

Il se pencha vers son amie et chatouilla ses joues couleur de fraise avec ses rouflaquettes parfumées. Anguelina montra alors sa dentition parfaite. La belle avait une émotion.

— Mon lionceau, va te promener, lui ordonna soudain Pogodine en donnant une tape sur son postérieur, puis il se tourna vers le petit homme à la coupe de hérisson.

La robe rouge, telle une voile, se dirigea du côté des musiciens.

— Une belle gigue, n'est-ce pas ? demanda le vantard.

— *Magnifique !* répondit le petit homme en français, bizarrement.

Puis il se calma et sortit de sa poche le fameux journal qu'il déroula, découvrant la feuille de papier gris format A2 dont le bandeau avait légèrement pris l'eau dans l'incident.

— C'est un journal national, s'exclama le petit homme. Il parle du meurtre de Liamzine !

Une grimace déforma le visage du peintre qui se mit à regarder autour de lui. La salle s'animait. Les néophytes, émerveillés, s'agglutinaient devant ses tableaux. Près de la grande toile se cachait une critique d'art. Les verres épais de ses lunettes réfractaient la ronde des couleurs. Les pirouettes et les cabrioles des différentes peintures se fondaient dans la masse du corps de ballet. La critique fronça le bout de son nez.

— Mais quel meurtre ? Et pourquoi vous mettez ça sur le tapis pendant mon vernissage ? Plus tard, si vous voulez bien !

Alors que Pogodine prononçait ces mots, la directrice du musée se matérialisa près de lui. Son visage ovin était plein d'enthousiasme.

— C'est un succès, un très grand succès ! dit-elle haletante. Nous avons vendu tous les billets ! Demain on va faire salle comble !

— Je suis ravi, ravi, débita Pogodine. Chez nous les gens sont sensibles à la vraie culture.

— Et comment ! On pourrait faire payer les selfies devant les tableaux, non ?

— C'est une bonne idée, acquiesça Pogodine.

Un autre journaliste accourut, un casse-pieds qui posait toujours des questions banales ; la directrice élargit son sourire mielleux et s'empressa de lui donner une interview. Ses cheveux, dressés sur sa tête comme une tour de Babel, tremblotaient et menaçaient de s'effondrer à chacun de ses pas. Le petit homme à la coiffure de hérisson vida son verre d'un air déconcerté.

— Mais que disent-ils dans cet article ? demanda le peintre, incapable de contenir sa curiosité. Allons nous installer au foyer.

Ils quittèrent la salle pour se placer près d'une fenêtre qui offrait une vue des plus épiques : dans la ruelle située à l'arrière du musée régional se déversaient depuis la veille au soir des flots tempétueux de purin marron qui surgissaient de canalisations percées. Une femme portant un anorak et des bottes en caoutchouc traversait la flaque à gué en se pinçant le nez. Après avoir regardé du coin de l'œil les acrobaties de la dame, Pogodine et le petit homme retournèrent à leur journal déplié. Cette une les embarrassait et les intriguait : «Le ministre a-t-il été tué par sa maîtresse ?»

— Attends, attends. Comment ça ? bredouilla Pogodine. Comment ça, «tué» ? Liamzine est mort d'un arrêt cardiaque, que je sache !

— Regarde, regarde, dit le petit homme en plissant les yeux, ce qui est écrit là : «Notre rédaction a reçu des photos d'un expéditeur inconnu qui ne souhaite pas que son nom soit dévoilé...» Blablabla... voilà : «La région estime que le ministre est mort d'une rupture de l'aorte, mais d'après les clichés qui ont fait surface, tout porte à croire qu'un squelette est caché dans le placard...» En voilà une expression, «un squelette caché dans le placard». Ils ne savent plus du tout écrire, ces barbouilleurs de papier.

— Lis, lis, grommela Pogodine.

— Eh bien... «Sur les photographies prises à l'aide d'un téléphone portable, on voit très clairement que le soir de sa disparition et de sa mort, feu le ministre du Développement économique Andreï Ivanovitch Liamzine se trouvait non loin de la demeure de sa maîtresse, Marina Anatolievna Semionova, propriétaire de plusieurs biens immobiliers dans la région.» Bon, bon...

— On n'a pas besoin de ces folliculaires pour savoir où ce pauvre type se trouvait ce soir-là, remarqua Pogodine. Ils n'ont pas découvert l'Amérique non plus.

— Marina affirme que le ministre n'est pas venu chez elle ! dit le petit homme en levant les bras au ciel. Et plus loin... c'est où déjà... là : «Sur les photographies en notre possession, malgré le peu de lumière due à l'heure tardive et à l'averse cyclopéenne qui tombait...» Mais qu'est-ce que c'est que ça, une « averse cyclopéenne » ? Une averse qui n'a qu'un œil, ça existe, ça ?

— Je t'en prie, mon cher, reste concentré !

Une fois qu'il fut certain que personne ne se trouvait alentour, Pogodine sortit de la poche de son caftan une paire de lunettes qu'il posa sur son nez.

— Maudite presbytie, murmura-t-il un peu gêné.

Le petit homme poursuivit :

— Ensuite... « Malgré l'averse, les photographies permettent de distinguer sur le passage piétons une silhouette qui court et fuit quelqu'un. Un peu plus loin, la silhouette s'arrête près d'une voiture de type Toyota Camry. Sur le quatrième cliché, l'homme se retourne et nous voyons qu'il s'agit bien de Liamzine, le ministre de la région. Liamzine monte dans cette voiture. Ensuite, plus personne ne l'a revu vivant. »

— Quand même..., grommela Pogodine, mais qui a pris cette photo ?

— Peu importe, ricana le petit homme, un passant lambda. Écoute plutôt ce qu'ils balancent ensuite : « Sur les clichés, on peut distinguer la plaque d'immatriculation de la mystérieuse voiture. Pour vérifier ces informations arrivées par courrier anonyme, nous sommes allés fouiller dans la base du système d'immatriculation des véhicules. Les conclusions qui en ressortent sont à la fois choquantes et inquiétantes. Le propriétaire de la Toyota se nomme Nikolaï N., il s'agit d'un employé de Marina Semionova, laquelle a été pendant de nombreuses années, rappelons-le, la maîtresse et la partenaire du ministre dans le cadre de transactions commerciales douteuses. Un média local, *La Sirène*, a récemment mis au jour des documents dénonçant ces transactions. » Et patati et patata... Ensuite il est question de l'article de Katouchkine. Blablabla... ah voilà : « Nikolaï N. était employé au service des achats dans l'entreprise de construction de Marina Semionova. L'expéditeur anonyme de ces clichés a précisé que les relations entre Semionova et Liamzine battaient des ailes ces derniers temps... » Putain de merde, encore ! Pourquoi « des ailes » et pas « de l'aile » ? Pourquoi ils ont mis le pluriel ?... Bon, on s'en fout, je continue à lire. « Vous nous accorderez qu'on peut trouver assez logique que la personne qui conduit la voiture qui a mené Andreï Liamzine à une mort certaine soit un employé de sa maîtresse ? Est-ce que le soi-disant accident ne serait pas en réalité un meurtre ? Est-ce que les services locaux chargés de l'enquête cachent quelque chose ? Marina Semionova aurait-elle pu les acheter ?... »

Le petit homme posa le journal de côté et regarda par la fenêtre. Dans la ruelle, les eaux sales continuaient à se déverser et la femme en bottes de caoutchouc progressait à travers elles, dans le sens inverse cette fois, sauf qu'un bébé s'agitait maintenant dans son dos. Le petit homme surveillait attentivement la femme et le jeune gigoteur, craignant qu'ils ne tombent à la renverse avant d'avoir atteint la berge opposée. Enfin il se tourna vers Pogodine qui relisait l'article à part soi en remuant des lèvres comme pour attraper des mouches invisibles.

— Écoute ! s'exclama-t-il. Écoute ce qu'ils écrivent. « Le propriétaire de la Toyota est mort le lendemain du décès de Liamzine. Sa voiture a percuté un camion dans un carrefour. D'après l'anonyme qui a envoyé les photographies, Marina Semionova avait probablement demandé à son employé Nikolaï N., propriétaire de la funeste voiture, de s'occuper de Liamzine. Mais tout ne s'est pas passé comme prévu. Nikolaï N. a probablement eu mauvaise conscience et il a décidé de tout raconter à la police. C'est à ce moment-là que Semionova a choisi de l'éliminer. Tous les assassins ont à cœur de se débarrasser des témoins gênants, autant que de l'arme de leur crime. Le jour de la mort de Nikolaï N., Marina Semionova s'est rendue à l'improviste au siège de son entreprise où elle n'apparaît pourtant que rarement. Nous supposons qu'une discussion décisive s'est tenue entre le supposé meurtrier et la possible commanditaire. Aurait-elle administré à Nikolaï N. des somnifères ou autres comprimés qui auraient conduit le malheureux vers son horrible mort ? »

Pogodine arrêta de lire et tripota ses lunettes. Le petit homme le regardait, dans l'expectative. Quelques invités du vernissage passèrent à proximité, quittant la salle pour se diriger vers la sortie avec des au revoir enflammés. La directrice du musée se tourna vers eux :

— Tout le monde dans mon bureau pour le buffet !

— Oui, oui, acquiesça Pogodine.

— Alors ? finit par demander le petit homme lorsque le calme fut revenu. Qu'en pensez-vous ? C'est un journal national qui a sorti ça, à Moscou ! Qui critique l'enquête, vous voyez bien ? Disant qu'ils cachent quelque chose. Je sens qu'ils vont aller fouiner autour de Kapoustine, le procureur. Tout ça a du sens, c'est un signal ! Ça veut dire qu'ils vont déboulonner Kapoustine !...

Ernest Pogodine désapprouvait son interlocuteur ; il s'étira et bâilla pour laisser entendre que les révélations de la presse étaient mesquines et sans importance.

— Un tas de conneries ! Des histoires à dormir debout ! Des inepties ! Réfléchissez, si ce Nikolaï était un tueur, alors pourquoi la bête se serait-elle ruée sur le chasseur ? Pour quelle raison Liamzine serait-il entré dans sa voiture ? Et de son propre chef ! Il avait des chauffeurs et des gardes à sa disposition.

— Il leur avait donné congé…, répondit le petit homme sans assurance.

— Non, je ne crois pas à cette version. Ce n'est pas cohérent. C'est un torchon, ça, du journalisme à scandale ! Et pourquoi l'avez-vous acheté alors qu'on peut tout lire gratuitement sur Internet ?

— Je suis de la vieille école, rétorqua le petit homme, vexé. J'aime les objets concrets. Et puis je ne suis pas le seul que ça rende nerveux. Depuis longtemps déjà, des nuages noirs s'accumulent autour de Kapoustine. Il a beaucoup trop ponctionné. C'est le moment ou jamais de partager un peu avec les autres.

— On m'a commandé un portrait de lui, indiqua Pogodine. Il reste encore trois séances. Vous savez ce qu'on dit ? Que lorsque Pogodine peint le portrait de quelqu'un, ce quelqu'un reste dans l'Olympe pendant cinq ans au moins.

— Ah bon, on dit ça ? Vraiment ? s'étonna le petit homme.

Un jeune homme bien en chair sortit de la salle et s'approcha d'eux. C'était un modeste fonctionnaire des services du ministère de la Culture. Il avait assisté au vernissage dans l'espoir de boire et de manger, puis avait repéré le mouvement ascendant de ceux qui se dirigeaient vers le buffet privé dans le bureau de la directrice du musée. Lorsqu'il vit le journal désormais posé à l'envers sur le rebord de la fenêtre, et qui ressemblait à un polyèdre brisé, il se réjouit horriblement, sans qu'on sache pourquoi :

— Ah ! Vous lisez l'article qui dit que Marina Semionova est une meurtrière !

— Vous aussi vous êtes au courant ? demanda Pogodine d'un air hautain.

— Qui ne l'est pas ? Ce matin encore, j'ai reçu un lien sur Messenger. C'est dingue. Semionova peut leur faire un procès et empocher une belle somme ! C'est de la pure calomnie !

— Et si elle était vraiment à l'origine du meurtre ? fit remarquer le petit homme. C'est peu probable, mais admettons. Tout ça semblerait alors plutôt étrange et stupide. Pour quelle raison tout mettre sur la table ? Elle va bien le lire, l'article, elle pourrait détruire les preuves et filer en Thaïlande ou ailleurs. Non, non, ce n'est pas après Marina qu'ils en ont. C'est après Kapoustine. C'est un signal adressé à notre service central des enquêtes, à Moscou. Pour leur dire : « Dégagez Kapoustine. » Non, ce n'est pas ça ! C'est un signal du service central des enquêtes à notre attention à nous, par le biais d'un article.

— Un signal ? Dans un article de presse à scandale ? N'importe quoi, dit Pogodine en haussant les épaules. Vous savez ce qu'on déblatère sur mon compte dans ce genre de journal ? Que des jeunes filles en fleur font la queue devant mes fenêtres. Qu'elles arrivent par troupeaux entiers de la campagne pour m'offrir leur innocence. (Pogodine esquissa un sourire mielleux.) À ce propos, comment trouvez-vous ma grande gigue ? Ma muse à moi ! On risque de me la voler.

Dans l'instant, la fameuse muse surgit comme si on l'avait appelée. Sa robe la moulait légèrement. Sous la pression de son corps longiligne et musculeux, qui aspirait à respirer, le tissu tremblait.

— Chaton, on y va ? miaula-t-elle à l'oreille du peintre.

— Oui, ma chérie, on passe au buffet, en haut, et puis on y va. Va te repoudrer le nez pendant ce temps.

La perche acquiesça et se retira, laissant dans son sillage l'odeur des aldéhydes de son parfum.

— Je vous envie, grand peintre, avoua l'homme bien en chair d'un air lubrique en la suivant d'un regard dégoulinant.

— Que pensez-vous de Kapoustine ? demanda le petit homme, continuant sur sa lancée. À votre avis, il ne risque rien ?

— Je dirais plutôt qu'il faut se méfier de lui ! railla l'homme bien en chair. Vous avez vu les excuses du journaliste Katouchkine ? Vous les avez vues ? C'est à mourir de rire !

Il saisit son portable, tapota dessus avec le bout de son index et présenta à ses interlocuteurs son écran brillant sur lequel se profilait le visage du journaliste Katouchkine sur fond de mur décrépi. Un chapeau ridicule était enfoncé sur sa tête, arborant le logo « Jeux-olympiques-80 ». Comme un myope, il clignait de ses yeux rouges sous lesquels deux ombres apparaissaient. Et bégayait :

« Je tiens à m'excuser auprès du procureur général de notre région… j'ai eu tort… J'ai reçu de l'argent de la part d'étrangers pour gagner leurs faveurs. Et j'ai marché sur notre terre à nous, la Russie, avec mes chaussures sales… J'ai calomnié, j'ai menti, j'ai trahi. Mais je me repens. Excusez-moi d'avoir voulu salir votre honorable nom… Vous qui ne ménagez pas vos forces pour que l'ordre soit respecté… »

Les lèvres enflées de Katouchkine faisaient des efforts pour arriver à se mobiliser. Un hématome violet était visible sur sa joue recouverte de poils de barbe.

— Ça suffit, ça suffit, le repoussa Pogodine. Je n'ai pas envie de regarder ce trou du cul.

— Comment ça ? se réjouit le bien en chair. On l'a fait

plier, le salopard. Ils vont fermer *La Sirène* je pense. Je fonde beaucoup d'espoirs sur le Roskomnadzor[1].

— Et qu'en est-il de Marina Semionova ? continuait à s'inquiéter le petit homme. Est-elle impliquée, oui ou non, dans le malheur de Liamzine ? Qu'est-ce qui ressort de tout ça ?

Les invités restants commencèrent à envahir le foyer et à s'agglutiner autour d'Ernest Pogodine. Un buffet privé les attendait. Ils se pourléchaient à l'idée de manger des bouchées farcies et de goûter à l'amertume du cognac. Les panégyriques abondaient.

Lorsque la troupe qui chantait la gloire d'Ernest Pogodine s'approcha de l'escalier d'honneur, le peintre aperçut Marina Semionova qui s'empressait de le rejoindre, accompagnée par le froufrou de sa jupe en satin. Derrière elle se dandinait Iliouchenko, une fourrure en jaguar à la main.

— Ernest ! Ernest ! Excuse-moi, je n'ai pas pu venir plus tôt mais je ne voulais pas rater ton expo !

Elle rayonnait de satisfaction, de triomphe, de la splendeur de sa tenue, de son visage et de sa plastique. Le bien en chair battait les paupières d'extase, le petit homme caressait sa coiffe de hérisson et Ernest Pogodine, incliné, serra ses mains parfumées.

1. Service fédéral de supervision des communications, des technologies de l'information et des médias de masse.

14

Le gala sportif démarrait. Sur la place, les gens dansaient et braillaient. Les étals proposaient des blinis épais et dorés et des épis de maïs cuits, ainsi que des verres de *sbiten* et d'hydromel. Au milieu de la place, on installait des barrières autour des pistes sur lesquelles allaient avoir lieu les réjouissances populaires. Les crosses s'entrechoquaient comme des épées d'escrime. Sous les huées des promeneurs, des adolescents jouaient au hockey russe. Des gens costumés en invitaient d'autres à jouer au *lapta*, au jeu des cavaliers et au ballon prisonnier. Des enfants aux joues roses étaient promenés dans des poussettes, comme des doges, ils observaient leurs sujets tandis que leurs petites mains décontractées faisaient tomber sur l'asphalte cabossé des fanions tricolores. Des haut-parleurs en forme de cubes qui noircissaient la scène s'échappaient des chansons folkloriques.

Enfin une voix retentit sur la place. Le gouverneur salua la foule. Il était flanqué de deux groupes de subalternes, un de chaque côté. Tous les stades de la région s'apprêtaient à accueillir les compétitions les plus spectaculaires qui soient, les plus impressionnantes.

— Alors que d'aucuns se sont mis en guerre contre notre

pays, lança-t-il brusquement, et que d'autres tentent de nous coller sur le dos, tous les ans, de vilaines histoires de dopage et d'accuser nos sportifs de tricher, alors qu'on cherche à nous exclure des compétitions internationales, nous ne pleurnichons pas de l'offense qui nous est faite, comme des chiens battus. Nous nous débrouillons tout seuls ! Nous avons nos propres jeux traditionnels et authentiques. Nous avons la boxe russe et le combat de groupe. Et nous jouons aussi admirablement bien à tous les autres jeux ! Nos gymnastes sont les plus souples qui soient. Nos athlètes sont les plus forts. Nous ne laisserons personne nous attaquer ! Tout ça, c'est parce qu'ils ont peur de nous, n'est-ce pas ?

La place se mit à gronder joyeusement. Lenotchka se dandinait au milieu de la foule en brandissant un ballon de baudruche violet. Tous ses collègues du ministère étaient là. La veille, la DRH s'était baladée dans les étages pour obliger les fonctionnaires à assister à la fête, quoi qu'il arrive. Lenotchka n'avait pas résisté. La foule était joyeuse et bruyante. Sur la place, un malabar faisait son show en soulevant des poids ; une clownesse distribuait des cerceaux et proposait à des femmes aussi grosses que des samovars de les faire tourner le plus longtemps possible. Les rues adjacentes avaient été fermées à la circulation, on pouvait y acheter des pirojkis et des fanions.

Des tentes dédiées aux différentes ethnies avaient été dressées. On y exposait les petits peuples dans leurs costumes nationaux. Les Tatares vendaient du *çäkçäk*, les Ouzbèkes préparaient de la chorba, les Bachkires servaient du koumis, les Tadjikes du *plov*, les Tchétchènes du *hingalsh*, sorte de galette au potiron. Des effluves appétissants s'échappaient des chaudrons, les flammes dansaient au milieu des petites bûches. De-ci de-là, des gens vêtus d'horribles costumes représentant des balles, des raquettes de badminton ou des disques à lancer formaient des rondes et encerclaient les enfants.

Des bruits se répandaient sur la place. Lenotchka écoutait ses collègues se transmettre les nouvelles. On pouvait apprendre des choses incroyables, par exemple que Marina Semionova avait été placée en garde à vue ; la légende qui circulait sur l'arrestation de la maîtresse d'Andreï Ivanovitch Liamzine évoluait, se métamorphosait au gré du bouche-à-oreille. Certains affirmaient que la Messaline avait été appréhendée à la sortie du musée des Arts figuratifs, qu'elle avait fièrement descendu l'escalier pour se diriger vers sa magnifique voiture ; qu'à ce moment-là une brigade d'intervention s'était précipitée sur elle et que les menottes avaient cliqueté sur ses tendres poignets.

D'autres juraient qu'elle avait été embarquée alors qu'elle prenait un bain aromatisé pour se détendre. Des cagoules noires avaient fait irruption dans la clinique de soins esthétiques et cosmétiques Le Basilic ; la scélérate se tenait allongée, enveloppée de chaleur et plongée dans une eau tiède mélangée avec du lait, du miel et de l'huile essentielle de patchouli ; on l'avait tirée de là en lui déboîtant le bras.

D'autres encore affirmaient qu'elle s'était rendue de son plein gré après être allée chez le confesseur de feu Liamzine qui aurait soi-disant convaincu la pécheresse de tout déballer avant de passer devant la justice des hommes ; que soi-disant Semionova aurait traversé la ville à pied, dans les nids-de-poule et dans la boue, vêtue d'un simple jean et d'une veste, et que pendant qu'elle marchait, elle ne cessait de répéter :

— Pardonnez-moi, pardonnez-moi, pardonnez-moi...

Toutes ces rumeurs faisaient tourner la tête à Lenotchka, ses oreilles fumaient, elle voyait défiler des images mettant en scène la scandaleuse Marina Semionova. Elle se souvint d'avoir vu un jour cette pouffiasse de profil, le menton légèrement relevé ; comme chez les iguanes, celui-ci était assorti d'une petite poche de peau. La fameuse beauté avait un défaut. Comment Andreï Ivanovitch avait-il pu ne pas le remarquer ?

Marina Semionova, mi-intellectuelle, mi-nouvelle riche, avait toujours voulu paraître intelligente. Lenotchka, un jour, s'était rendue chez elle à la demande de Liamzine et l'avait trouvée regardant un film. Un film gravé sur disque. Elle avait appuyé sur « Stop » et l'image s'était arrêtée sur un cadre étrange, noir et gris.

— Tu connais l'effet Koulechov ? Non ? Oh, l'ignorante ! C'est quand on pose deux cadres l'un à côté de l'autre, pendant le montage d'un film – tu comprends ? – et que la signification, alors, s'en trouve changée.

Elle voulait prendre Lenotchka en flagrant délit d'ignorance. Elle adorait apprendre de nouveaux mots et les répéter à l'envi, en public.

— Avec toi, Lenotchka, je retrouve à chaque fois cette sensation de jamais-vu. C'est quoi ces yeux de merlan frit ? Je parle du jamais-vu, c'est comme le déjà-vu, sauf que c'est le contraire. On se connaît depuis longtemps mais ta bêtise m'étonne toujours autant.

Elle parlait d'hylozoïsme, de principe anthropique, de Wilhelm Reich, de la théorie de la classe de loisir, de village planétaire, d'apathéisme, de stochastique. Sans toujours comprendre vraiment de quoi il s'agissait, elle goûtait chaque phrase, chaque mot sur sa langue, comme un mets délicat. Iliouchenko était son fournisseur personnel en intelligence inutile. Ils discutaient souvent des manœuvres et des manipulations possibles pour se faire aimer de quelqu'un. Lenotchka écoutait ces conversations d'une oreille.

— Toi aussi, Maricha, tu es une chasseuse d'hommes, disait Iliouchenko en se bâfrant de biscuits, comme à son habitude. Tu maîtrises parfaitement l'effet Benjamin Franklin.

— C'est-à-dire ?

— C'est-à-dire que tu ne donnes pas d'ordre, tu demandes aux gens de faire les choses. Celui à qui tu demandes un service s'en acquitte volontiers, et même plusieurs fois.

— Et qu'est-ce que je maîtrise d'autre ? demanda Semionova d'un air réjoui.

— Quoi d'autre ? La fascination.

— C'est-à-dire ?

— La fascination ? C'est-à-dire que tu séduis les gens. Et que tes victimes sont sourdes aux autres signaux – la morale par exemple, ou la raison. Elles sont prises dans tes filets. Et s'y trouvent bien.

De temps à autre, Marina Semionova allait voir Liamzine au ministère, ce qui le rendait un tantinet nerveux, il préférait les terrains neutres.

— Andreï Ivanovitch a du monde, annonçait Lenotchka.

Semionova jetait son sac luxueux en cuir d'autruche sur le petit divan et commençait à s'affairer devant le miroir avec son peigne, munie d'une mousse sophistiquée spéciale qu'elle vaporisait sur ses boucles châtains dans le but de leur donner du volume. L'accueil se remplissait alors d'une odeur de musc.

— Mais qui sont ces gens, ils prennent racine ou quoi ? demandait-elle avec autorité.

Lenotchka, réprimant son agacement, lui servait des paroles à peine audibles :

— C'est au sujet de l'organisation des terres agricoles.

Semionova, parfois, se montrait charitable. Un jour elle avait offert à Lenotchka une trousse de toilette. Mais Lenotchka n'avait pas aimé cette trousse et l'avait balancée à la poubelle. Même chose avec les leçons de morale de Semionova. L'un de ses conseils, pourtant, s'était gravé dans son esprit comme les mantras qu'elle rabâchait dans les cours de développement personnel :

— Lorsqu'un homme campe sur ses positions, tu fais chambre à part. Tu vas voir, il va immédiatement s'adoucir.

Semionova avait appliqué ce principe de séparation des lits avec Liamzine. Le ministre avait été écarté du corps de sa maîtresse pendant deux semaines entières. Il tambourinait à sa porte, téléphonait, criait, priait, mais elle restait de marbre, gardait le silence, ne lâchait rien. Tout ça pour une broutille. Elle voulait partir en voyage en Europe avec son amoureux, sans se cacher, comme mari et femme. Et qu'il lui fasse plein de cadeaux, qu'il l'emmène au restaurant et à l'Opéra. Liamzine n'en avait pas le courage. Se pavaner ainsi, sous les regards, lui faisait peur. Il craignait sa femme, craignait le gouverneur. La région proposait des sessions de formation aux valeurs de la famille. L'escapade européenne pouvait avoir de fâcheuses conséquences.

Aujourd'hui, le ministre était mort et la ville était en fête. Le maire monta sur scène ; ses joues de bouledogue aux proportions surdimensionnées se reflétaient sur l'immense écran.

— En une année, notre ville s'est parée de dizaines d'espaliers de gymnastique neufs. Nous nous préoccupons fortement de l'activité physique et de la santé de la nouvelle génération…

La place bourdonnait. Personne n'écoutait le maire. Son discours servait de fond aux petites conversations et aux « bonjour comment ça va » qui parcouraient la foule. Du point de vue du ministre, les citoyens semblaient de petits cailloux multicolores en mouvement, comme dans un kaléidoscope, dépendant du bon vouloir d'une personne inconnue. Le rose partait quelque part sur le côté, le bleu voguait vers le haut en suivant une diagonale sinueuse, le noir tournait en rond.

Soudain, au milieu de ce royaume lilliputien exposé devant la scène, une voix dissonante se fit entendre :

— Comment ça, « vous vous préoccupez » ? Vous détruisez le parc !

La voix sortait d'un mégaphone. Mais comment avait-il pu passer le détecteur de métaux ? Qui était le traître ?

— Mais qui êtes-vous ? Pourquoi gâchez-vous la fête ? s'agaça le maire.

Un frémissement traversa la foule.

La voix qui sortait du mégaphone commença à scander des paroles ; une partie de la foule, composée de rebelles pestilentiels, reprit le texte en soutien à l'initiateur du chant :

— Le parc est à nous ! Le parc est à nous ! Le parc est à nous !

Sur la scène, on se mit à courir dans tous les sens. Les agents de sécurité vinrent se positionner autour du dirigeant pour former un mur de protection, au cas où ; de tous les côtés de la place des « policiers-cosmonautes » percèrent la foule pour se précipiter sur les braillards.

— Nous exigeons que cesse la destruction du parc qui a toujours fait partie de notre ville ! C'est notre culture, ce sont nos poumons. Qu'allons-nous laisser à nos enfants?... C'est le moment ou jamais, pour nous tous, de demander ici et maintenant des comptes à ceux qui s'engraissent sur notre dos au lieu de réparer les canalisations qui ont explosé, pas loin d'ici, près du musée des Arts figuratifs. Personne ne sait ce qu'ils font de leurs journées !

Les thuriféraires applaudissaient, sonnaient l'hallali, mais la voix de l'agitateur fut soudain empêchée ; telle une tornade noire, les « cosmonautes » s'étaient postés autour de lui et de sa bande de vingt ou trente chahuteurs ; le mégaphone fut arraché, des femmes se mirent à hurler et à lancer des injures.

Lenotchka tenta de voir qui était à l'origine de ce tapage, mais les gens attroupés jouaient des coudes et cachaient le tableau. On ne distinguait que le haut arrondi des casques des policiers et les mouvements oscillants de leurs têtes. Les défenseurs improvisés du parc furent chassés de la place. Apparemment, parmi les personnes arbitrairement arrêtées se trouvaient des promeneurs. On entendit une vieille mémé jurer comme une charretière.

— Chers compatriotes ! dit le gouverneur en s'adressant aux gens. Ne cédez pas aux provocations ! On essaie de gâcher le gala que nous attendons depuis si longtemps ! N'accordons pas ce plaisir aux fauteurs de troubles ! Poursuivons les réjouissances et profitons de cette journée.

En réponse à ses mots, la sono fit résonner des cuivres qui entonnèrent une vieille chanson soviétique :

Le ciel va avoir chaud !
Des chants pour nos héros...
Dans le sport, soyez brillants,
Remportez la victoire honnêtement !

— Qu'est-ce qui se passe là-bas ? répétait Lenotchka.

— Ce sont des activistes qui défendent le parc, quoi d'autre. On les a mis dehors déjà. Sans doute qu'ils vont prendre quinze jours. Les gens n'ont rien de mieux à faire ! répondit la collègue du service des achats. Viens, Lenka, on va se manger un beignet.

Elles se faufilèrent au milieu du flux désordonné des promeneurs.

— C'était qui, le type avec le porte-voix ? se demandaient les gens.

— On démolit notre parc, que peut-on faire ?

— Partir en guerre ne servirait à rien.

— Voyous !

— Vous avez bien vu que le maire n'a rien répondu à propos du parc ! Couille molle !

Les graines de la révolte, dont la foule se nourrissait, donnaient des pousses et des brins. De la bouche des mutins jaillissaient des répliques qui tombaient dans des oreilles grandes ouvertes. Lenotchka entendit quelqu'un dire :

— Il n'avait pas tort, ce type...

— Vous vous rappelez quand le maire a annoncé une flashmob pour la meilleure photo prise devant la statue de Pierre et Fevronia ? Avec des séjours en bord de mer et d'autres prix à gagner. Au final, ce sont uniquement les membres de l'administration qui les ont remportés. Ils ont pris les gens pour des imbéciles !

— Et dans la Maison des vétérans de guerre, ils ont ouvert un bordel où ils vendent des manteaux en fourrure.

— Ils détruisent le parc pour construire des bureaux alors que les gens habitent dans des taudis.

— Notre maison est délabrée, le toit s'effondre.

— Voyous ! Fouteurs de merde ! D'où ils sortent ce porte-voix ?

Lenotchka rencontra des gens qu'elle connaissait. Ils lui firent un signe de la tête et elle un signe de la main. Elle avait l'impression qu'un marteau lui enfonçait des clous dans la tête. Est-ce que ce qu'on disait sur Semionova était vrai ? Comment survivre à la trahison de Viktor ? Est-ce qu'elle allait vraiment devoir, elle, Lenotchka, se retrouver au service des achats ?

Sa trajectoire fut barrée par une mascotte en forme d'ours brun qui voulut la prendre dans ses bras. Lenotchka esquiva l'étreinte et sa collègue se retrouva dans les bras du nounours, visage rayonnant et souriant. Du coin de ses yeux jusqu'aux tempes filaient des rides en forme de rayons. Sur scène, la chanson termina par un refrain enjoué. L'affolement qui régnait sur la place s'atténuait. Le taureau rentrait ses cornes. Le lion rétractait ses griffes.

Ou bien n'était-ce qu'une impression ? Quelques grandes gueules, éparpillées sur la place, la ramenaient encore :

— Le parc est à nous !

— Ne touchez pas au parc !

Le ministre des Sports s'était approché du micro. Il portait, allez savoir pourquoi, l'uniforme olympique « du temps d'Otchakove et de la conquête de la Crimée » (avec le logo « Sotchi 2014 » à la place des bandes verticales, sur le pantalon) et semblait complètement abasourdi et désorienté. Il continuait cependant à lire son papier en ignorant les cris des insolents :

— C'est en 1897 qu'a eu lieu le premier match de football de Russie, à Saint-Pétersbourg. Et le premier championnat en 1912. Moscou avait alors écrasé Kharkiv 6 à 1. La première patinoire a ouvert en 1838, à Saint-Pétersbourg, et le premier championnat de patinage artistique en couple a eu lieu dans notre pays, justement, en 1908. Concernant le ski, on trouve des applications en contexte militaire dans des chroniques du XVe siècle. Dès 1704, les services de distribution du courrier utilisaient des skis. Le premier championnat russe de skis a eu lieu à Moscou, en 1910. Nos femmes aussi se sont brillamment illustrées dans la pratique de ce sport. En 1935, cinq épouses de commandants rouges sont venues à bout de la distance qui sépare Moscou de Tioumen, c'est-à-dire 2 132 kilomètres, en quatre-vingt-quinze jours. En 1936, dix ouvrières d'une centrale électrique sont allées de Moscou à Tobolsk, elles ont parcouru 2 400 kilomètres en quarante jours. Et en 1937, cinq sportives des jeunesses communistes ont skié d'Oulan-Oude à Moscou, c'est-à-dire sur 6 065 kilomètres.

— Ne touchez pas au parc ! criaient des voix dans la foule.

Mais le ministre des Sports poursuivait son discours :

— C'est en 1899 qu'a eu lieu le premier match de hockey de notre pays, opposant les Russes aux Anglais, à Saint-Pétersbourg, sur une patinoire située à proximité du pont Toutchkov, avec un score nul de 4 partout. À la suite de cela, comme chacun sait, nous nous sommes placés en tête du palmarès mondial, dépassant même le Canada. Pour ce qui est du cyclisme…

— Le parc est à nous ! Le parc est à nous ! scandait fermement la foule.

Les casques des policiers, de nouveau, jaillirent.

— Mais qu'est-ce qui se passe ? demanda le ministre des Sports, décontenancé. Vous perdez la tête ? Ceux qui crient plus fort que les autres vont immédiatement être arrêtés pour terrorisme ! Vous troublez l'ordre public, vous empêchez la fête d'avoir lieu ! Nous ne sommes pas à Maïdan, camarades !

Le ministre des Sports regardait ses collègues d'un air désemparé. Le gouverneur avait déjà disparu de la scène et le ministre de la Culture voulut lui apporter son soutien. Il portait un bonnet de ski blanc.

— Chers concitoyens, je vous demande de retrouver votre calme, lança-t-il avec énergie à l'adresse des gens, relayant le ministre des Sports qui ne savait plus quoi dire. Comme vous, j'ai grandi dans cette ville. Je me suis baladé dans ce parc. Et en tant que ministre de la Culture, je m'intéresse plus que tout à la préservation du passé. Et à la santé de nos enfants, bien sûr. Je vous prie de ne pas écouter ces fumistes qui ont été payés ! Personne n'a l'intention de détruire le parc ! Il va simplement être modifié, en mieux, vous entendez ? On va construire des magasins, des cafétérias, un centre d'affaires. Cela va devenir un lieu culturel bouillonnant. Et vous remercierez alors le maire !

— Pas besoin d'amélioration ! hurla d'une voix de fausset ridicule un homme d'un certain âge portant une casquette.

Mais les « archanges » qui rôdaient sur la place le saisirent immédiatement et l'écartèrent.

— C'est une honte ! Une honte ! le soutinrent une dizaine de personnes.

— Cessez de troubler l'ordre public, et personne ne vous touchera ! poursuivait le ministre de la Culture. Ne vous laissez pas influencer ! Vous ne comprenez donc pas que l'on essaie de vous manipuler ? De vous embrouiller, dans un but précis. Celui d'attiser le feu. Réfléchissez donc à qui profite tout cela. Qu'est-ce que vous racontez sur le parc ? Qui a pondu tout cela ? Un ou deux soi-disant activistes ? Si on gratte un peu...

— Gratte-toi toi-même ! cria quelqu'un qui se trouvait près de Lenotchka.

Elle regarda autour d'elle mais ne put savoir précisément qui avait osé.

Sentant les ennuis arriver, nombre de personnes avaient emmené leurs enfants loin de là, débarrassant la place des poussettes. La musique de la fête changeait de tempo. À l'allegro étaient venues se substituer des notes fortissimo et agitato. Le ministre de la Culture poursuivait son discours. S'excitait. Ses gestes dessinaient des lignes obliques et des angles aigus.

— C'est quand on ne respecte pas l'histoire que les tracas commencent.

— Parce que le parc, il n'a pas d'histoire ? crièrent des dames en béret qui se trouvaient à droite de Lenotchka.

La collègue avait complètement oublié les beignets. Elle était énervée.

— Mais qui sont ces débiles ? cria-t-elle à l'endroit des défenseurs du parc. Pourquoi ils sèment la pagaille ? La fête avait si bien commencé !

Il y eut un effet boule de neige. Plus on arrêtait les gens et les éloignait de la place, plus les protestataires accentuaient leurs plaintes.

— Rendez-nous Sopakhine, l'enseignant, et vous respecterez l'histoire ! cria un gars en fronçant les sourcils, pas très loin de Lenotchka.

— Mais comment ça, Sopakhine est de nouveau sous les verrous ? s'étonna-t-elle.

— Je m'en tape complètement ! lui répondit sa collègue.

Le service d'ordre – des chevaliers noirs coiffés de casques brillants et équipés de matraques accrochées sur la hanche – se faufila non loin d'elles, à la recherche des gueulards. La collègue de Lenotchka se retrouva à l'écart, dissimulée par leurs dos cuirassés. Les ministres aussi avaient quitté la scène. Un homme en uniforme tenait désormais le micro à la manière d'un hypnotiseur ou d'un vendeur de rue qui fait de la publicité pour ses doudounes – il tentait de convaincre les gens qui s'agitaient devant lui.

— Vos actes sont répréhensibles. Cessez toute agressivité. N'empêchez pas les citoyens de profiter de la fête. Vos actes sont répréhensibles. Cessez toute agressivité. N'empêchez pas les citoyens de profiter de la fête.

Lenotchka s'empressa de partir. Son ballon de baudruche violet lui échappa et monta haut dans le ciel, prenant tantôt les traits d'une sphère, d'une ellipse ou d'une goutte d'encre. Elle se retrouva dans une rue où la fête battait encore son plein malgré la vague d'agitation. Elle fit la queue devant l'une des tentes qui proposait des plats asiatiques. Des samoussas finissaient de cuire, plaqués sur les parois d'un four tandoor. Les triangles brûlants étaient retirés avec un filet spécial et vendus tout chauds aux promeneurs affamés.

— Tu prends quoi ? entendit Lenotchka.

Quelqu'un lui touchait l'épaule. Lenotchka se retourna. Les sourcils froncés, l'air rusé, vexé, mais coupable, c'était Viktor. Lenotchka voulut fuir mais il la saisit par l'épaule et fixa son regard sur elle, comme un petit chien.

— Chaton, attends ! Ne pars pas, écoute-moi !

Lenotchka tenta faiblement de résister, mais Viktor la maintenait fermement, alors elle se radoucit et abandonna.

— Mais qu'est-ce qui t'arrive ? Pourquoi tu réponds pas au téléphone ? Pourquoi tu fais tout un drame ?

— Je t'ai expliqué ! Tu sais déjà tout ! bouillonnait Lenotchka.

Dans la queue, les gens parlaient fort. Les samoussas étaient pêchés et distribués, encore et encore ; leurs flancs huileux brillaient et le sommet des triangles portait quelques graines de sésame qu'on avait coincées là.

— Tu veux parler de Semionova ? dit Viktor en la secouant. Je t'ai déjà expliqué ! Elle faisait partie de ma stratégie ! Tu comprends ? Je jouais un rôle ! Je la menais en bateau, tu piges ?

— Elle a été arrêtée ? bredouilla Lenotchka.

— C'est moi, personnellement, qui ai préparé son arrestation ! lâcha Viktor calmement, à mi-voix. Je l'avais vue faire le guet dans sa voiture près de chez les Liamzine, elle suivait Ella Sergueïevna ! Et c'était justement le jour où l'employée de maison a trouvé Ella Sergueïevna morte.

— Chez elle ?

— Oui, oui ! J'avais pour mission de m'infiltrer. Chaton, tu captes ? Et toi tu m'en as fait tout un plat ! Chaton, tu m'écoutes ?

— Est-ce que Marina Semionova a tué Ella Sergueïevna ? marmonna bêtement Lenotchka.

— Mais non, c'est pas ça. Mais l'article, là... tu as vu cet article dans le journal national ?

— La voiture... Nikolaï N...

— Oui, voilà. On a tout passé en revue, c'est un employé de Semionova. Et c'est justement lui qui a conduit le ministre Liamzine sur la rocade...

Ils s'agrippèrent l'un à l'autre, s'unirent comme des siamois que rien ne peut plus séparer. Ils chuchotaient, s'attisaient l'un l'autre avec des susurrements torrides. Le cuistot leur demanda de passer commande ; une minute plus tard, il déposait sur les assiettes en carton deux chaussons en forme d'enveloppe fourrés à la viande et aux lentilles. Viktor compta ses sous pendant que Lenotchka prenait des serviettes en papier sur un plateau. Ils s'installèrent à une petite table en plastique sur laquelle une famille – dont la progéniture semblait prête à jouer les pires tours – se gavait déjà de *belyash*. L'enfant se tordait dans tous les sens en pleurant et hurlant péniblement, sans aucune trêve.

Avec la serviette, Lenotchka saisit maladroitement les coins brûlants et croustillants du samoussa tout en cherchant comment mordre dedans. Les exhortations monotones à garder son calme, qui parvenaient de la place, avaient cessé. La musique retentit de nouveau. Au croisement, derrière le stand de tir avec archers et arbalètes, se tenaient une enfilade de fourgons cellulaires. Les grandes gueules et les braillards étaient soustraits à la vue et entassés dans ces boîtes de métal.

— Tu l'as embrassée. Dans l'ascenseur, dit Lenotchka en avalant une bouchée qui était succulente.

— J'ai gagné sa confiance, c'est mon boulot !

Viktor campait sur ses positions mais ne libérait pas Lenotchka. D'une main il serrait toujours son épaule et de l'autre, il maintenait le samoussa.

— Bien sûr. Et c'est pas désagréable comme boulot. Tu as sûrement couché avec elle, par la même occasion ?

— Ce n'est pas la question, ronronna Viktor. Tu ne comprends rien !

— Et ça t'arrive souvent, ce genre de mission qui consiste à coucher avec les suspects ?

Leur dispute n'était pas très sérieuse, on aurait dit deux petites mésanges devant un croûton de pain qu'elles sont obligées de partager. L'inconsolable enfant fut emporté par la peau du cou. Ses jambes faisaient des moulinets dans l'air. Les places occupées par la famille furent prises par deux femmes bourrues dont les visages acariâtres étaient marqués du sceau de la pauvreté. Une fois installées, elles se mirent à râler et à chouiner, s'adressant l'une à l'autre ainsi qu'à tous ceux qui se trouvaient autour d'elles :

— C'est gonflé, ça, de venir gâcher la fête !

— Et ces moutons qui se sont mis à les soutenir. T'as entendu comment ils hurlaient ?

— J'ai cru qu'ils allaient encore arrêter nos gamins. Ces imbéciles qui tentent le diable ! C'est trop facile de les embrigader.

— Demain on va caler une heure de vie de classe dans le programme éducatif.

— Tout à fait ! Comme si ça suffisait pas, l'affaire de ce salopiaud de Sopakhine ! Même sur la place, quand le gouverneur est là, c'est dangereux pour les enfants.

Lenotchka dressait l'oreille. Il lui semblait reconnaître les enseignantes de l'école d'Ella Sergueïevna.

— Vous connaissez Sopakhine ? demanda Lenotchka.

Les deux femmes bourrues paraissaient attendre cette question.

— Oui, c'était notre collègue. Et on en paie les conséquences ! se hérissa l'une d'elles.

— Moi, j'avais averti Ella Sergueïevna qu'il avait une mauvaise influence sur les gamins, s'excita la seconde. Des cours entiers à leur raconter des conneries ! Un jour que je passais à côté de sa classe, vous savez ce que j'ai entendu ?

— Quoi donc ? lança la première.

— Il parlait de l'Holodomor ! Vous vous rendez compte ? Il a fait tout un plat sur cette famine soi-disant intentionnelle organisée dans les années trente. Il disait qu'on prenait aux paysans leurs récoltes. Qu'une loi des épis avait été promulguée. Mais pour quoi faire ? Pour quoi faire ?

L'enseignante se tendit. Des tranchées se creusèrent entre ses sourcils.

— Et ce n'est pas bien de parler de la famine ? demanda Lenotchka à tout hasard.

— C'est mentir qui n'est pas bien, mademoiselle ! Et ça, c'est un mensonge éhonté ! De la désinformation ! Des boniments ! jeta la première.

— Car c'est bien dans notre pays, en 1929, que pour la première fois dans toute l'histoire de l'humanité, notamment grâce aux efforts du gouvernement, le chômage a été liquidé, vous comprenez ? Grâce à la planification de l'économie, à l'industrialisation... Nous l'avons liquidé ! Staline a fait construire la centrale hydroélectrique du Dniepr en Ukraine, il leur a donné l'électricité, et eux, au lieu de dire merci, ils ne font que gémir et critiquer. Et raconter n'importe quelle fantaisie fasciste sur l'Holodomor. Et notre Sopakhine n'a rien trouvé de mieux que de cracher dans la soupe !

— Pendant l'occupation soviétique, précisa la première, pleine de fiel, le nombre d'Ukrainiens a doublé. Et quand l'URSS s'est effondrée, leur démographie s'est effondrée, elle aussi. Et pourtant tout ce qui les intéresse, c'est de nous casser du sucre sur le dos et de faire les chacals devant les ambassades étrangères. Et Sopakhine s'est mis à chanter ce même refrain, devant les enfants ! Qu'il purge sa peine, celui-là. Il l'a bien méritée.

— Sûrement qu'on l'avait payé. Pour sûr, c'est un coup des Américains. Il ferait mieux de s'intéresser à ce qui se passe dans son Amérique chérie. Chez eux, pendant ces mêmes années trente, sept millions de personnes sont mortes de faim. Ça aussi, c'est un holodomor, non ?

La voix de l'enseignante tremblait tandis qu'entre ses mains sèches le thé continuait de fumer dans le gobelet en carton.

— On ne dit pas le contraire, fit remarquer Viktor, nous sommes d'accord avec vous.

Il finissait de manger pendant que sa main, désormais, ratissait le dos de Lenotchka, dans les règles de l'art. Elle ne rechignait pas. Elle avait envie, désormais, d'appartenir à Viktor. Dans la musique de la fête, elle décela un affettuoso qui prenait de l'ampleur – « affectueux, tendre, expressif ». Lenotchka s'appuya sur l'épaule de Viktor. Et dans son ventre, dans sa poitrine, la volupté s'installa.

15

À la mort de son père alcoolique, la vie de Lenotchka avait changé, pour quelque temps. Sa mère avait ramené à la maison un malabar plein de fric, dégoté on ne sait où. Malgré l'origine obscure et suspecte de son argent, dans l'immeuble moisi où elles habitaient, qui datait de l'époque de Khrouchtchev, l'appartement imprégné d'une odeur de marinades et d'éructations éthyliques s'emplit de soleil et d'une sensation de satiété. Le type était massif et impétueux. Son dos bosselé était couvert de lipomes et d'un tapis de tatouages violets : une écaille de dragon, quelques croix et des seins de femme. Il disparut pendant un mois environ sans donner de nouvelles. Puis réapparut comme une tornade, jaillissant tel un feu d'artifice. Victuailles et cadeaux affluèrent. À la mère il offrit du vison et à la fille un ordinateur, ce qui la fit immédiatement changer de statut auprès de ses camarades. Un grand réfrigérateur apparut dans la cuisine, regorgeant de viandes fraîches, de poissons et de caviar rouge.

Cet été-là, avec l'argent de ce soupirant inattendu, Lenotchka fut installée dans une datcha, avec sa tante et sa grand-mère. La maison était magnifique, louée dans un village au bord d'un lac. Un répétiteur fut engagé pour préparer Lenotchka aux examens de fin d'études. Aujourd'hui encore, Lenotchka se rappelle avec tendresse ces journées pluvieuses du mois d'août. Les vacances semblaient en être à peine à leurs débuts que l'automne pointait déjà le bout de son nez, avec le retour à la ville et aux études. L'odeur légère de l'humus flottait dans l'air. Les groseilles, mouillées par la pluie et la rosée froide, se paraient d'une acidité chagrine toute particulière. Sur les feuilles des bouleaux, par endroits, se dessinait un liseré jaune. Les coiffeurs appelaient cela un éclaircissement, une coloration de type « balayage » – Lenotchka ajoutait des mots à la mode à son vocabulaire. Elle put enfin se faire percer les oreilles malgré la superstition de sa grand-mère qui affirmait que les trous dans les lobes faisaient perdre la vue. N'importe quoi. Lenotchka voyait toujours aussi bien. Elle arrivait même à compter les mouchetures sur le col de Sopakhine.

Sopakhine était son répétiteur. Une année difficile attendait Lenotchka avec la préparation aux examens, jusqu'au moment où Sopakhine était apparu, avec ses cheveux roux et ses doigts fins qui semblaient trembloter. Sopakhine était végétarien. Et bavard. Grand-mère fut tout de suite emballée ; la tante – que Lenotchka n'aimait pas, elle n'était pas mariée et avait perdu toute sa fraîcheur et toute sa jeunesse – au contraire le détesta tout de suite.

— Je ne supporte pas les végétariens maugréa-t-elle alors qu'il venait à peine de partir. Avec eux, il y a toujours quelque chose qui ne va pas. La femme d'un de mes copains d'école a d'abord arrêté de manger de la viande. Après, ça a été le poisson. Ensuite, le crudivorisme ; elle a fini par se retrouver au monastère avec des adeptes de Krishna.

— Sopakhine mange des œufs, précisa Lenotchka sans savoir pourquoi.

Mais sa tante se contenta de ricaner.

Il n'en restait pas moins vrai qu'il y avait, dans cette fixation qu'il faisait sur le sujet, quelque chose de maladif. Lenotchka, cependant, était flattée qu'il lui parle comme à une adulte.

Un jour que la leçon portait sur l'Antiquité et qu'il releva une faute, il fut question, justement, d'alimentation.

— *Ab ovo usque ad mala*, s'empressa de grommeler Sopakhine, ce qui signifie « du début à la fin » ; littéralement, en latin, « de l'œuf jusqu'aux pommes ». Les Romains démarraient généralement leur réfection par des œufs durs.

— Je ne peux pas en manger plus d'un à la fois, dit Lenotchka en saisissant avec joie l'opportunité de faire une pause.

— Et les œufs farcis, vous avez déjà goûté ? Vous faites d'abord des œufs durs, ensuite vous enlevez le jaune que vous mélangez avec des épinards, des champignons ou du pâté de foie...

La porte grinça, la tante jetait un coup d'œil.

— On ne vous paie pas pour donner des cours de cuisine ! reprocha-t-elle à l'enseignant.

Sopakhine rougit, devint nerveux, attrapa une annale qui contenait des tests et se mura dans le silence. Ils passèrent l'heure restante à étudier les empereurs jusqu'à la chute de l'Empire byzantin.

Est-ce que Sopakhine, en tant qu'homme, plaisait à Lenotchka ? Sans doute que non. Il était trop pâle et trop vieux. Quoique Lenotchka ne comprît son âge qu'en écoutant les histoires qu'il racontait, car son visage ne donnait que peu d'informations. Une tache de naissance claire dans le cou, une ride à la base de son nez fin. Lorsqu'ils discutèrent du décret de Pierre Ier visant à punir les femmes qui venaient chercher leurs maris saouls dans les tavernes du gouvernement, il s'adossa au fauteuil et avoua avec amertume :

— Ma femme était alcoolique. Je peux vous le dire, à vous. Vous êtes quelqu'un de très compréhensif. Et vous avez de grandes qualités intrinsèques. Une bonne graine, quelque chose de cet ordre-là...

Lenotchka se sentit rougir. Elle se redressa immédiatement et tenta d'afficher un air sérieux et concentré. Elle portait une robe d'intérieur orange qui lui allait bien ; elle s'imaginait avoir l'air d'une jeune fille à marier ; Sopakhine était son cavalier, il avait beaucoup vécu et souffert à cause d'une femme horrible et dépravée, et il voyait en Lenotchka l'ancre de son salut.

Plus elle y pensait, plus elle trouvait confirmation à tout cela. Sa tante, surtout lorsque la grand-mère n'était pas là, déversait tout son fiel sur Sopakhine. Elle s'était rendu compte qu'il était un peu amoureux de Lenotchka. Alors bien sûr elle était jalouse, et avait peur.

— Vous comptez être répétiteur encore longtemps ? lui demanda-t-elle sans préambule pendant qu'ils buvaient un thé sur la terrasse.

— Vous savez, si je viens chez vous c'est seulement parce que nous sommes voisins. Et que je suis en congé. Ajouté à ma paie d'enseignant, cela me permet d'avoir un salaire convenable. Qui suffirait pour deux personnes, la recadra Sopakhine.

— Votre chemise donne une tout autre impression, trancha la tante dans sa muflerie. Et qu'entendez-vous par « seulement parce que nous sommes voisins » ? Vous nous méprisez à ce point ?

— Ai-je parlé d'un quelconque mépris ? dit-il en riant. Comme à votre habitude, vous déformez mes paroles. Et je vais devoir demander à votre nièce de me défendre.

— À une enfant ? s'exclama la tante en bondissant et feignant l'étonnement.

Lenotchka se sentit vexée, piquée, mal à l'aise. Cette emmerdeuse pédante voyait Lenotchka s'épanouir et elle l'enviait, oui. Un jour que Lenotchka se rendait au magasin du coin pour faire des courses, la tante lui demanda :

— Pourquoi tu mets des chaussures à talons, Lena ? On est à la campagne, là, pas dans une soirée. Tu n'as donc pas de goût ?

— J'avais envie de les porter, c'est tout, balbutia Lenotchka d'un air de chien battu.

— À moins que tu ne veuilles que ton répétiteur les voie ? Il est bizarre et pas fiable. Donner des cours d'histoire à son âge ! En plus de son salaire d'enseignant... Et puis il pourrait enlever ces poils qui poussent entre ses sourcils, ça tape sur les nerfs. Je n'arrive même pas à le regarder dans les yeux.

Lenotchka reçut des amies. Ensemble elles se rendirent au bord du lac. La période des pluies avait passé, la chaleur implacable du soleil était de retour et de nouveau il semblait que l'école était loin et que les vacances dureraient toujours. Depuis un pont de bois, les jeunes filles plongeaient dans l'eau froide et tourbillonnante. Lenotchka se trouvait très féminine en maillot deux pièces avec ses clous d'oreilles aux charmants reflets violets. Des garçons qui se trouvaient dans une barque leur firent des signes, alors elles se mirent à rire comme des folles.

Lenotchka raccompagna ses amies à la gare routière, en chemin elles tombèrent sur Sopakhine. Il se réjouit terriblement de la voir et lança soudainement, d'une voix joyeuse :

— Comme vous êtes belle ! La baignade vous va si bien, Lenotchka !

Puis il bondit vers elle, l'attrapa par la taille, la souleva, la reposa, fit un signe aux amies et disparut. La scène était si inattendue que Lenotchka en resta bouche bée. Ses amies, évidemment, étaient abasourdies.

— J'hallucine ! C'est ton répétiteur ? Truc de ouf !

Lenotchka rentra chez elle toute fière, avec le pressentiment que quelque chose d'important allait arriver. À la maison, c'était comme si on avait deviné ce qui s'était passé. Grand-mère répondait à côté et pendant le dîner, la tante se comporta bizarrement ; après avoir nettoyé la cuisine, elle fila rapidement dans sa chambre.

Le lendemain, lorsqu'il arriva pour le cours, Sopakhine affichait un air sérieux, un peu triste même. Il ne restait rien de sa légèreté de la veille. La leçon concernait la Révolution russe. Au beau milieu des exercices, il regarda soudain Lenotchka avec attention et lui dit :

— Vous savez, votre tante vous considère comme une enfant mais moi, je vous parle d'égal à égal. Vous me comprenez et c'est une chose rare...

Lenotchka resta figée. La scène avait des airs de pièce de théâtre. Son cœur se mit à battre violemment pendant que, par la pensée, elle prenait du recul pour se regarder et s'admirer.

— Je tiens à vous dire que je suis amoureux de vous. Je pensais qu'à l'issue de mon premier mariage cela ne m'arriverait plus jamais... Mais ce n'est pas le cas, me voilà de nouveau pris au piège. Et j'en suis heureux.

Lenotchka fixait sur Sopakhine des yeux remplis d'incompréhension.

— Je voudrais me marier avec vous, sourit Sopakhine.

Toute la nuit, Lenotchka se tourna... et se retourna, s'inquiéta, se rongea les ongles. Elle ressentait de la peur, de l'aversion, et en même temps tout cela lui était agréable. Elle lut quelques passages de *Guerre et Paix*, ceux qui parlaient de Natacha Rostova, car elle aussi avait quinze ans quand pour la première fois... Elle s'était précipitée sur sa mère en criant : « Maman, maman, on vient de me faire une demande ! » Lenotchka lut la scène avec une grande gêne. Voilà qu'elle se trouvait à la place de Rostova. Un adulte, avec un mariage au compteur, était tombé amoureux d'elle, une élève ! C'était à la fois abject et doux. Et si elle disait oui ? Il faudrait attendre qu'elle ait seize ans. L'âge légal. Cette seule pensée la troublait.

Le lendemain matin, lorsqu'elle se leva pour préparer le petit-déjeuner, Lenotchka se sentait lourde et fatiguée. Sa tante et sa grand-mère se trouvaient dans la cuisine. Grand-mère avait l'air déstabilisée mais gaillarde et joyeuse. La tante, qui lavait des œufs dans l'évier, se tourna vers Lenotchka et annonça :

— Ma chère, je vais me marier. Hier Sopakhine m'a fait sa demande.

Il fallut à Lenotchka un certain temps pour accuser le coup. Comment ça ? Est-ce qu'elle avait rêvé ? L'objet de l'amour, ce n'était donc pas elle, la jeune fille, mais cette vieille bique ! La tante se maria pour de bon avec lui et lui donna même un enfant. Elle devait bien le regretter aujourd'hui ! Son époux était un falsificateur, un criminel, un blasphémateur, un désacralisateur, un traître à la patrie et un taulard.

Lenotchka n'avait jamais eu de chance en amour. Même la toute première fois. Dans les livres qu'elle lisait – pas pour l'école –, le premier amour était tout autre. Les garçons étaient amoureux et gentils. Les filles avaient des doigts souples, des visages fins et des élans héroïques. *Chuchotement, souffle timide, trilles du rossignol.* C'était *L'hypocrisie du printemps* et *Dingo, chien sauvage.*

Dans sa vie à elle, les choses se passaient autrement. La baignoire était pleine de rouille et les robinets gouttaient. Sa petite chambre était sombre et constamment en désordre. Les buffets étaient moches, la vaisselle en vieux cristal, et partout il y avait des petites choses inutiles qui traînaient : épingles tordues, bouchons d'oreille abîmés, bouts de meubles cassés, piles usées. Avant son aventure avec l'asticot plein aux as, sa mère était toujours de mauvaise humeur, épuisée, toujours à chicaner lorsqu'elle revenait d'une garde au jardin d'enfants, toujours à manipuler des comprimés et du papier cellophane.

Tout ça, c'était deux ans avant Sopakhine. Lenotchka était maladroite, rondelette, elle portait des vestes ridicules achetées bon marché à des vendeurs en gros. Sa peau grisâtre bourgeonnait. La prof de biologie avait déclaré un jour que sa pupille dégoulinante subissait une mutation. Alors les enfants avaient improvisé une chansonnette qu'ils entonnaient désormais dès que Lenotchka apparaissait :

— Mutation ! Mutation ! Mutation !

Lenotchka, dans sa primeur, ses bourgeonnements et sa maladresse, s'était entichée d'un certain Siga, un garçon que tout le monde adorait. Grand dadais aux longs bras ballants, boute-en-train turbulent à l'esprit vif, la prof principale l'avait qualifié d'« attachiant ».

Lenotchka avait l'impression que la prof aussi était amoureuse de Siga. Comme toutes les autres filles. Il sortait déjà avec l'une de ces idiotes et Lenotchka se torturait à imaginer leurs promenades romantiques. Un si joli couple.

Mais non, elle n'avait aucune envie de devenir l'amie de Siga. Ce qu'elle vivait dans son coin, en secret, lui suffisait. C'était authentique. Souvent elle rêvait de sortir de l'école en discutant avec lui et de rester longtemps au carrefour, avant de le quitter. Elle porterait une belle veste comme on en voit dans les magazines de mode. Ses cils seraient maquillés. Sa peau impeccable. Et Siga mettrait sa main sur son épaule en disant : « Ah, Lenotchka, tu es tellement... », et puis il partirait, comme si un trop-plein d'émotions lui avait coupé la parole. Tout cela, elle y pensait la nuit. Et elle pleurait et priait sans savoir vraiment pourquoi, ni à qui elle s'adressait. Puis elle attrapait tout doucement les pièces de monnaie chinoises, chuchotait, les lançait, cherchant une réponse dans l'hexagramme. *Le livre des changements*, le discours de la Tortue. Sa mère, qui ne trouvait pas le sommeil, grommelait des méchancetés :

— Mais quelle garce ! Va te coucher tout de suite ! On a besoin de dormir !

Lenotchka connaissait l'adresse de Siga. Le bâtiment, l'entrée, l'étage. C'était à deux pas de l'école. Le soir elle s'y rendait et restait longtemps sous les fenêtres, essayant de deviner lequel des appartements était le sien et où donnait sa chambre. Apparemment, il l'avait remarquée. À plusieurs reprises ils tombèrent l'un sur l'autre, devant chez lui.

— Mutation-radiation ! lui avait-il crié. Qu'est-ce que tu viens faire ici ?

Choc, bonheur, peine et douleur – tout se mélangeait en elle et la remplissait à ras bord. Elle raconta une histoire de magasins et de copine qui habitait dans le même immeuble, mais Siga s'en alla sans l'écouter.

Lorsqu'il se trouvait à proximité d'elle, la température de Lenotchka augmentait. Du moins en avait-elle l'impression.

Ses oreilles se mettaient à sonner, ses mains tremblotaient. Un jour, sa voisine de classe lui balança : « Tu as l'air un peu "siganoutée". » Tous, bien sûr, la jugeaient. Dans les vestiaires, tout le monde ricanait dès qu'elle avait le dos tourné. Un samedi, alors que Lenotchka était chez elle à terminer un devoir, elle reçut l'appel d'un inconnu qui se présenta comme un ami de Siga :

— Tu lui plais beaucoup, mais il a peur que tu dises non. Il m'a demandé de t'appeler... Alors ramène-toi dans une demi-heure derrière l'école, Siga t'y attendra.

Lenotchka répondit qu'elle n'en croyait pas un mot; pourtant, le sang battait dans ses tempes et son dos se recouvrait de sueur. Et si c'était vrai? Elle se devait d'y aller, et rester digne. Donner l'impression d'être venue simplement pour démasquer les farceurs, point. Et si Siga était vraiment là, alors cela voulait dire que... Elle trouva un vieux poudrier de sa mère avec des restes de poudre beige sur les bords. Elle en mit sur son visage, avec les doigts, enfila un pantalon neuf recouvert d'écussons et sortit. Près de l'école, elle ne trouva personne. Son cœur battait la chamade. Elle fit le tour du bâtiment sans se presser, essayant d'afficher un air détaché, au cas où quelqu'un l'épierait.

Près du portail, elle se figea. Elle entendit d'abord un sifflement, puis une voix joyeuse en pleine mue hurla des insanités, des obscénités, des saletés. Juste à côté d'elle. D'autres éclatèrent de rire, en réaction. Lenotchka eut l'impression de perdre connaissance. Elle regarda autour d'elle pour comprendre d'où venaient les voix; les gamins déboulèrent en riant à gorge déployée, ils passèrent près d'elle en braillant, et se tordant de rire. Ils étaient cinq ou six.

Elle les connaissait. Ils étaient dans la même école. Le dernier d'entre eux, tout rouge, c'était Siga.

— Eh, Siga ! plaisantèrent ses copains en s'enfuyant. Qu'est-ce que tu fous, allez, attrape-la ! Enfonce-lui jusqu'aux couilles !

Lenotchka se pinça les flancs pour ne pas éclater en sanglots, puis elle se mit à répéter :

— Les salauds, les salauds...

Les années avaient passé et Lenotchka, enfin, trouvait le bonheur. Elle portait des sous-vêtements en dentelle de bonne qualité. La table basse, sur le tapis, regorgeait de raisins verts et une odeur de fromage coupé en petits morceaux flottait. Viktor était amoureux de Lenotchka, il faisait tinter les verres en cristal dans lesquels il avait versé un vin pétillant demi-sec. Longtemps ils restèrent assis à siroter. Viktor devenait de plus en plus brutal et agressif, comme un animal, et Lenotchka était de plus en plus excitée.

— J'ai envie de t'attacher au chauffage ! lui murmura-t-il.

Les vêtements de Lenotchka étaient éparpillés dans cette chambre dans laquelle elle s'était déjà déshabillée. Le culbuto en plastique la fixait de nouveau de son regard idiot, depuis l'armoire.

— Fais de moi ce que tu veux..., répondit-elle en rougissant.

Il la tourna vers lui en la tenant par la nuque, la traîna vers le radiateur, puis croisa ses mains fines derrière elle. Les menottes cliquetèrent. Lenotchka haletait, elle attendait que Viktor poursuive les caresses qu'il avait commencées sur le tapis. Mais il se contenta de renifler et de la regarder fixement dans le blanc de ses yeux de chat. Sa main malaxait son cou étroit.

— Je te veux, dit-il d'une voix enrouée.

Lenotchka sourit d'un air langoureux, liquide, séducteur.

Elle rêvait d'une soumission brutale, de secousses et de dentelle déchirée, d'un plafond qui s'écroule.

— Je te veux tout entière à répondre à mes questions, ajouta Viktor de la même voix de basse pleine de testostérone.

— Oui, oui, oui... pose-moi toutes les questions que tu veux !

Lenotchka ferma les yeux. Son corps se dissolvait, prêt à se soumettre, à faire plaisir, à copuler.

— C'est toi, déclara-t-il d'une voix menaçante. C'est toi qui as poussé Liamzine au suicide.

Lenotchka ouvrit grands ses yeux.

— Quoi ? Quoi ? De quoi tu parles ?

— Oui, oui, poursuivit-il de la même voix sévère. Toute l'année, tu l'as tourmenté avec des lettres anonymes. Tu voulais le détruire, par pure méchanceté. Parce que ce n'était pas toi qu'il aimait mais Marina Semionova.

Lenotchka se tendit, le métal des menottes lui pinça douloureusement les mains.

— Détache-moi ! Qu'est-ce que tu racontes ! hurla-t-elle effrayée.

— Calme-toi sinon je t'en colle une dans la tronche, espèce de pute ! dit-il plus fort pour la faire taire. Nous sommes au courant de tout. De toute la chronologie. Il y a un an, parce qu'il était un peu bourré, Liamzine t'a baisée. Et toi tu t'es fait tout un film. La chasse a commencé. Messages tendres, photos dans le bain. Il ne savait plus quoi faire pour se débarrasser de toi mais il a gardé tout ça pour lui. Il a compris que tu étais tarée et que tu allais t'empresser de crier votre petite affaire sur tous les toits !

— C'est toi le taré ! Salopard, ordure, monstre ! Je vais tout raconter à la police !

— Ah tu vas parler à la police ! s'esclaffa Viktor. Mais ils sont déjà en route pour venir ici ! L'affaire est en cours, toutes les preuves sont réunies. Quand tu t'es rendu compte que Liamzine n'en avait rien à foutre de toi, tu t'es amusée à lui faire du chantage et pour cela tu as utilisé plusieurs adresses électroniques. Tu le collais aux fesses, tu le suivais à la trace. Tu faisais le guet devant chez Semionova. C'est toi qui l'as filmé quand il est monté dans la Toyota ! C'est toi qui as envoyé les documents aux journalistes ! C'est toi qui as dénoncé Ella Sergueïevna et aussi le prof !

— C'est faux ! C'est faux ! hurlait Lenotchka.

— Ah oui, et que sur les pages Internet de ton iPhone on trouve toutes ces boîtes mail anonymes, c'est un hasard ? Et que dans tes photos on trouve Liamzine sous la pluie, ça aussi, c'est un hasard ? Et que tu le harcelais par Messenger avec des cartes SIM bidon, ça aussi c'est faux ? Ne nie pas. Tu as même fait des captures d'écran de toute la conversation pour la garder en souvenir, c'est dans ton iPhone. Tu veux que je te rappelle ce que tu lui as écrit ce fameux dernier soir ? « Je vous vois. Vous portez votre veste préférée, vous sortez du taxi, vous vous approchez de la maison de votre maîtresse. Vous avez libéré votre chauffeur. Je ne vous laisserai pas tranquille. Je vais écrire au gouverneur pour lui raconter tous les appels d'offres obscurs que vous avez fait passer à votre traînée. » Et ça, toutes les cinq minutes ! Il n'en pouvait plus ! Son cœur a lâché à cause de toi !

— Non, non et non ! Tu n'as pas pu regarder mon iPhone ! Tu ne peux pas savoir ! rugit Lenotchka.

— Comment ça, je ne peux pas savoir, puisque j'ai regardé ? Et ici même ! Dans cette chambre ! La première nuit. Pendant que tu roupillais, je l'ai pris, j'ai mis ton doigt sur le bouton de déverrouillage et ça s'est débloqué. Il y avait aussi ta boîte mail pro. C'était celle d'Andreï Ivanovitch, tu t'en occupais parce que tu étais son assistante. Natalia Petrovna, dans toute sa candeur, lui a envoyé cette photo démente de vamp avec fouet et corset. Elle aussi apparemment voulait enchaîner le chef. Et toi tu as téléchargé la photo en douce et tu t'en es bien servie. Tu l'as envoyée à tous les employés du ministère. Pour qu'ils en profitent.

— Tu es un monstre ! Tu ne peux pas me faire ça ! C'est illégal ! protesta Lenotchka.

Elle ne criait pas, elle aboyait. Sa voix se cassait comme celle d'un enfant de chœur.

— Nikolaï ! Ella Sergueïevna ! Natalia Petrovna ! Tolia, ton collègue ! Tout ça c'est ton œuvre ! Et si tu nies, je t'en colle une, espèce de pute !

Lenotchka tremblait, poussait des cris d'orfraie, forçait comme une bête, portant tous ses efforts sur ses liens, elle se tordait dans tous les sens. Les menottes cliquetaient contre le radiateur en métal. Viktor s'approcha d'elle et saisit violemment son front chaud avec sa main brûlante.

— Mais alors, chaton..., poursuivit-il en respirant fortement. Comme tu es jolie quand tu t'énerves. Tu m'excites.

— Je, je..., bégaya Lenotchka tandis que son menton tremblait, je n'ai pas tué les Liamzine, c'est eux, c'est eux. J'ai eu peur quand Andreï Ivanovitch... Je l'aimais ! Je pensais que c'était Nikolaï qui l'avait tué. Je voulais qu'il avoue son crime !

— Ah oui ? C'est donc ça ? l'engagea à poursuivre Viktor tout en lui caressant tendrement et sensuellement le pubis. À lui aussi tu as envoyé des messages à partir d'un numéro anonyme ?

— Non, non, j'avais peur qu'on m'attrape. Alors j'ai

imprimé un mot. Comme ça se faisait avant. C'est lui le coupable, c'est pas moi ! C'est lui qui l'a tué, pas moi !

— Non, mon enfant, non. Justement c'est toi qui l'as tué, murmura voluptueusement Viktor tout en continuant à passer ses doigts sur son entrejambe humide, son ventre en sueur, ses seins plats. Ton amour t'a fait perdre la boule et tu as détruit ton chef et tous ceux qui se trouvaient dans son entourage. Sa femme, sa maîtresse, son adjointe, son employé favori... Tu sais combien tu risques, ma beauté ?

— Je ne risque rien ! Je ne suis coupable de rien !

Il lui assena une gifle. Sa tempe alla frapper contre le mur. Sur sa pommette apparut la trace rouge de la main de Viktor.

— Crevarde, tu vas tout avouer ! Et sur le mari et sur la femme. Faut le faire, ça, envoyer les deux au cimetière. Et lui, et elle.

La tension nerveuse avait comme assombri la couleur claire de ses cheveux. Il s'approcha de la table et but une gorgée de vin.

— Maintenant tu vas me raconter en détail comment Liamzine t'a mise sur sa queue, dit-il en avalant des grains de raisin.

Lenotchka avait le hoquet, elle s'embourbait dans sa propre bave. Elle se rappela quand Liamzine, après un buffet officiel au ministère, le visage bleui, l'œil vaseux, avait fermé l'accueil de l'intérieur et s'était mis à arpenter la pièce de long en large comme un balancier, comme l'aiguille d'une machine à coudre.

« Tu sais bien ce dont j'ai envie », avait-il annoncé à Lenotchka ; elle était restée interdite, remplie de peur et de joie. Pouvait-on tromper la belle Marina Semionova avec elle, avec Lenotchka ? Le ministre en personne !

Il avait poussé son assistante ventre contre table, remonté

sa jupe, déchiré ses bas. Leur proximité avait duré une minute, une minute horrible et douloureuse. Liamzine ne l'avait pas embrassée. Il l'avait utilisée. Sur la table, comme une prostituée. Puis il était retourné dans son bureau sans dire un mot. Le lendemain, Lenotchka avait reçu un joli flacon de parfum en cadeau. Pour Liamzine, l'affaire était terminée. Semionova continuait à triompher. Lenotchka était répudiée, une fois de plus.

Est-ce que Lenotchka ne méritait pas d'être aimée ? N'avait-elle pas le droit de se venger ?

— Marina Semionova est une voleuse..., bafouilla-t-elle en accrochant chaque syllabe. Elle doit rester en prison !

— Et qu'est-ce qui te fait croire qu'elle est en prison ? Ce sont des rumeurs. On t'a menti. Et je t'ai menti. Pour que tu te calmes, espèce de salope.

— Quoi ? Comment ? Comment ça, elle n'est pas en prison ? enragea-t-elle.

— Bien sûr que non ! Elle est chez elle. À boire du café crème.

— Ah ! hurla Lenotchka, perdant tout contrôle.

Ses cheveux châtain clair recouvraient son visage comme une toile d'araignée. Son corps attaché au radiateur tremblait d'angoisse.

— Hurle tant que tu veux, personne ne t'entendra, dit-il en se raclant la gorge.

La soif le tenaillait. Il avalait gorgée de vin sur gorgée de vin. Lenotchka, larmoyante, lui faisait pitié, le rebutait comme un insecte écrasé et presque mort qui rampe sans ses ailes. Comme de la vermine. Dehors, les sirènes de la police retentirent. Viktor s'assit sur le lit, écrasant la couverture patchwork fraîchement lavée. Son téléphone bipa. Des notifications apparurent.

« Nous savons avec qui couche Viktor, l'enquêteur exemplaire. Ce n'est pas avec Semionova la salope mais avec Iliouchenko le salaud », indiquait l'une. Viktor se glaça et poursuivit sa lecture. « Vitia aime la sodomie ! » renchérissait la deuxième. « Le prêtre et l'enquêteur aiment bien chahuter », annonçait la troisième, avec une vidéo en guise d'illustration. Une vidéo amateur, filmée avec un téléphone. Viktor, entièrement nu, était allongé sur le lit d'Iliouchenko dont on entendait la voix mielleuse roucouler, derrière. Puis on passait en caméra frontale. Les deux étaient dans le cadre. Leurs visages se faisaient face, leurs nez se touchaient…

Sidéré, Viktor éteignit son téléphone. Ses mains partirent dans une danse de Saint-Guy. Il jeta un regard vide sur Lenotchka, toujours attachée, qui continuait à parler dans sa barbe. Vêtue de sa seule lingerie, elle ressemblait à un rectangle. Sa poitrine était égale à sa taille qui était égale à ses hanches. Sur ses cuisses apparaissaient des vaisseaux capillaires de couleur violette et sur les côtés de ses pieds plats, de petits os dépassaient.

Les sirènes se trouvaient désormais juste sous les fenêtres. Des bruits de pas, des cris. Les amis de Viktor déboulèrent dans la chambre pour arrêter Lenotchka, armes en main. Elle se mit à brailler, à se débattre :

— J'aimais Andreï Ivanovitch ! Je ne voulais pas qu'il meure ! C'est Marina Semionova qu'il faut arrêter !

Viktor se leva précipitamment et partit en courant, quittant la maison de sa grand-mère. L'air froid, presque glacial, lui gifla le visage. Il ne cessait de composer le numéro d'Iliouchenko, mais les appels n'aboutissaient pas. Il s'apprêtait à balancer l'appareil de malheur par terre, à le briser avec une pierre quand des chiffres apparurent sur l'écran. Quelqu'un l'appelait depuis un numéro fixe et inconnu.

— Allô ! cria Viktor d'une voix de baryton désespérée et éraillée.

— Vitioun, Vitiounia ! pleurait Iliouchenko dans le micro. On a piraté mon iCloud. Je ne peux plus utiliser mon téléphone. Vitiouch, tu m'entends ? Ils ont piraté mes données sur le cloud ! Vitiouch !

Un mot horriblement obscène échappa à Viktor. Il se retourna vers la forêt de bouleaux, qui démarrait là, aux confins de la ville. Il ne vit pas comment Lenotchka la criminelle fut emmenée, menottes aux poignets, dans les cris et la fureur. Il ne vit pas ses jambes nues s'agiter frénétiquement ni le petit manteau lilas qu'on avait jeté par-dessus sa lingerie chic.

Viktor sentait son aorte s'affoler et pulser. Lenotchka avait été arrêtée, certes, mais le virus de la calomnie et de la dénonciation s'emparait de la ville. Les voisins se surveillaient, les Cosaques patrouillaient et faisaient claquer leurs fouets à la recherche de celui qui profanerait les symboles nationaux, ébranlerait les fondations, ferait fi du sacré. Les habitants de la région, de plus en plus souvent, ne terminaient pas leurs phrases, se montraient prudents, regardaient autour d'eux – ne pas faire de bruit sur les réseaux, ne pas manger de viande australienne ni de fromage français par inadvertance, ne pas se retrouver sur un site interdit en passant par un réseau virtuel privé, ne pas avouer par accident quelque chose qui ne serait pas très correct... Une chanson gaillarde résonnait un peu partout. On répétait une marche en vue du Jour de l'unité nationale. Le saxophone jouait faux. Dans le ciel bas, un ballon de baudruche fugitif et joufflu prenait son envol vers la liberté.

2018

Composition : Soft Office
Achevé d'imprimer
par CPI Firmin-Didot
à Mesnil-sur-l'Estrée, en janvier 2025
Dépôt légal : janvier 2025
Numéro d'imprimeur : 182630

ISBN : 978-2-07-302126-7/Imprimé en France

592985